# Spelling Wordsearch

## Book 1

Activate Education

Published by Activate Education 2017

www.ActivateEducation.com
www.ActivateEducation.co.uk

Author Ian Crawford

Version 1.0.0 - 2019


ISBN-13: 9781082142444

# Wordsearch Spelling

## Introduction

*Wordsearch Spelling* is a wonderful and effective way to support phonics, spellings and spelling rules. The wordsearches are challenging and fun to solve and also provide a great sense of satisfaction when completed.

In this book, each wordsearch contains words to support school spellings and reading. The words have been chosen in groups to provide progression in learning. Groups of sight words have also been carefully chosen. Each *word group* or *family* is presented within the puzzle and then revisited later in the book to provide reinforcement.

Teaching tips are provided to give some background and guidance regarding the particular word group or spelling rule.

The solution to each wordsearch is printed full size on the page following each puzzle. This format is more effective for learning and is much easier for children to use, rather than the standard small size solution hidden at the back of the book!

Although this book will provide hours of enjoyment like any traditional wordsearch, the intention is to support and reinforce phonics, spelling and spelling rules. Therefore, some optional ideas and *Teaching Tips* are included to show how this book may be used more effectively with your child.

Having used these successful techniques within my own teaching, I am sure you and your child will enjoy and benefit from completing the puzzles here.


Ian Crawford

*Headteacher* and *Educational Consultant*

# How do I use the Wordsearches?

Here are some ideas of how to use this book with your child:

- Show your child how the words hidden in each wordsearch grid run across and down. In this book, no words run diagonally or backwards.

- Demonstrate how to draw a loop around each word found. A loop allows each letter to be seen clearly for words that share letters. This is preferable to using a line to cross out letters and obscure the words and letters.

- Read the list of words with your child and explain any words that are unfamiliar. Show your child how to use a dictionary to find the meaning.

- Discuss words which break spelling rules or are pronounced differently.

- Show your child how to check each found word against the given clue word.

- Show your child how to check their own answers against the solution page when they have completed each puzzle..

- Give lots of encouragement and praise.

- Remember to:

## Tick the star when you have got this far!

# Word Shape Challenge

As an additional puzzle feature of this book, when the puzzle solution has been checked, encourage your child to try the *Word Shape Challenge.*

Look at the given word shape and fill in the letters to make one of the words found in the Wordsearch.

Discuss how all letters sit on the writing line but some are *tall* and some *dip* below the line.

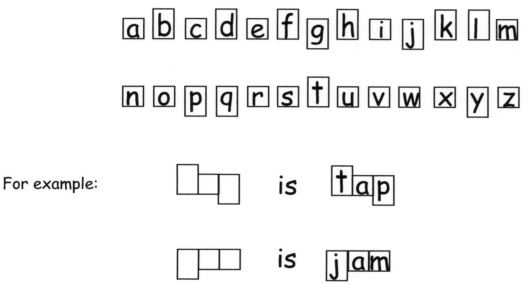

For example:

☐☐ is t a p

☐☐ is j a m

Please note that sometimes there may be more than one solution for each word shape!

## PS: Try Flicking through the pages and watch the Superheroes fly!

# a

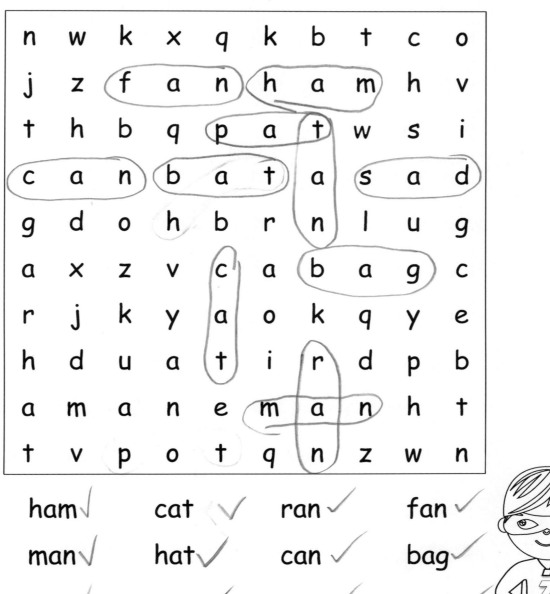

| | | | | | | | | | |
|---|---|---|---|---|---|---|---|---|---|
| n | w | k | x | q | k | b | t | c | o |
| j | z | f | a | n | h | a | m | h | v |
| t | h | b | q | p | a | t | w | s | i |
| c | a | n | b | a | t | a | s | a | d |
| g | d | o | h | b | r | n | l | u | g |
| a | x | z | v | c | a | b | a | g | c |
| r | j | k | y | a | o | k | q | y | e |
| h | d | u | a | t | i | r | d | p | b |
| a | m | a | n | e | m | a | n | h | t |
| t | v | p | o | t | q | n | z | w | n |

ham ✓    cat ✓    ran ✓    fan ✓

man ✓    hat ✓    can ✓    bag ✓

tan ✓    pat ✓    sad ✓    bat ✓

**Choose words to copy**

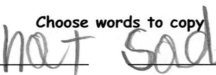

cat  hat  sad  bat

**Teaching tips:**
- These words have the short 'a' sound as in 'bat'
- Ask "What other words have the 'a' sound?" ... jam, can
- Choose words to copy and read aloud again

# a

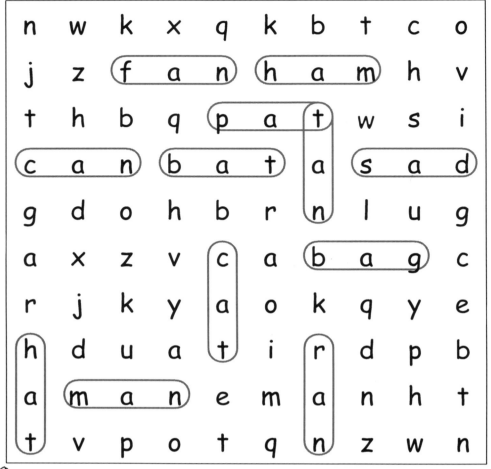

| | | | | | | | | | |
|---|---|---|---|---|---|---|---|---|---|
| n | w | k | x | q | k | b | t | c | o |
| j | z | f | a | n | h | a | m | h | v |
| t | h | b | q | p | a | t | w | s | i |
| c | a | n | b | a | t | a | s | a | d |
| g | d | o | h | b | r | n | l | u | g |
| a | x | z | v | c | a | b | a | g | c |
| r | j | k | y | a | o | k | q | y | e |
| h | d | u | a | t | i | r | d | p | b |
| a | m | a | n | e | m | a | n | h | t |
| t | v | p | o | t | q | n | z | w | n |

| | | | |
|---|---|---|---|
| ham | cat | ran | fan |
| man | hat | can | bag |
| tan | pat | sad | bat |

*Word Shape Challenge*

Tick the star when you have got this far! ☆

# o

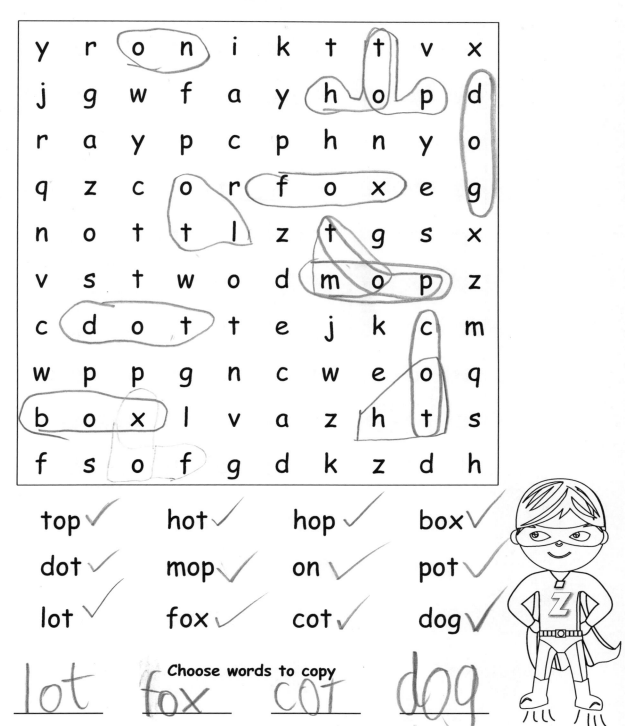

| | | | | | | | | | |
|---|---|---|---|---|---|---|---|---|---|
| y | r | o | n | i | k | t | t | v | x |
| j | g | w | f | a | y | h | o | p | d |
| r | a | y | p | c | p | h | n | y | o |
| q | z | c | o | r | f | o | x | e | g |
| n | o | t | t | l | z | t | g | s | x |
| v | s | t | w | o | d | m | o | p | z |
| c | d | o | t | t | e | j | k | c | m |
| w | p | p | g | n | c | w | e | o | q |
| b | o | x | l | v | a | z | h | t | s |
| f | s | o | f | g | d | k | z | d | h |

top ✓     hot ✓     hop ✓     box ✓

dot ✓     mop ✓     on ✓     pot ✓

lot ✓     fox ✓     cot ✓     dog ✓

**Choose words to copy**

lot    fox    cot    dog

**Teaching tips:**

- These words have the short 'o' sound as in 'top'
- Ask "What other words have the 'o' sound?" ... pop, stop
- Choose words to copy and read aloud again

# o

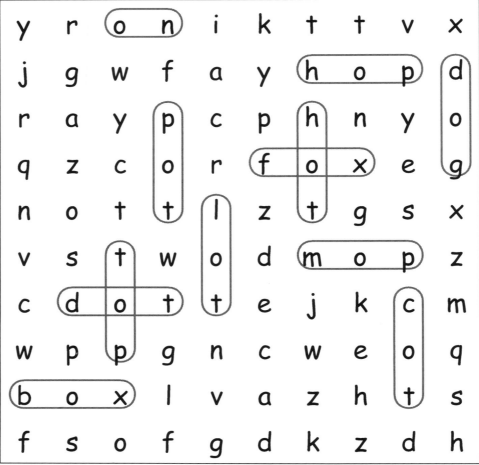

| | | | | | | | | | |
|---|---|---|---|---|---|---|---|---|---|
| y | r | o | n | i | k | t | t | v | x |
| j | g | w | f | a | y | h | o | p | d |
| r | a | y | p | c | p | h | n | y | o |
| q | z | c | o | r | f | o | x | e | g |
| n | o | t | t | l | z | t | g | s | x |
| v | s | t | w | o | d | m | o | p | z |
| c | d | o | t | t | e | j | k | c | m |
| w | p | p | g | n | c | w | e | o | q |
| b | o | x | l | v | a | z | h | t | s |
| f | s | o | f | g | d | k | z | d | h |

| | | | |
|---|---|---|---|
| top | hot | hop | box |
| dot | mop | on | pot |
| lot | fox | cot | dog |

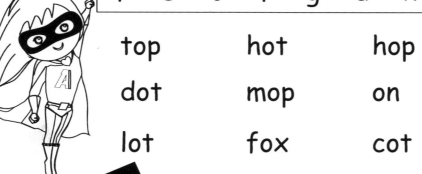

**Extra**

*Word Shape Challenge*

*Tick the star when you have got this far!*

# e

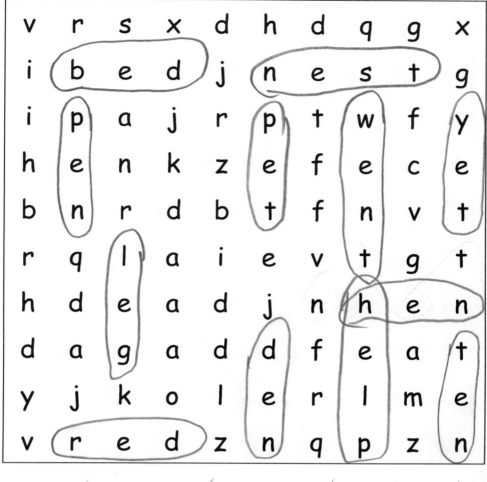

| v | r | s | x | d | h | d | q | g | x |
|---|---|---|---|---|---|---|---|---|---|
| i | b | e | d | j | n | e | s | t | g |
| i | p | a | j | r | p | t | w | f | y |
| h | e | n | k | z | e | f | e | c | e |
| b | n | r | d | b | t | f | n | v | t |
| r | q | l | a | i | e | v | t | g | t |
| h | d | e | a | d | j | n | h | e | n |
| d | a | g | a | d | d | f | e | a | t |
| y | j | k | o | l | e | r | l | m | e |
| v | r | e | d | z | n | q | p | z | n |

ten ✓　　pet ✓　　pen ✓　　leg ✓

yet ✓　　red ✓　　bed ✓　　went ✓

den ✓　　nest ✓　　help ✓　　hen ✓

**Choose words to copy**

red　　went　　nest　　help

**Teaching tips:**

- These words have the short 'e' sound as in 'ten'
- Ask "What other words have the 'e' sound?" ... tell, nest
- Choose words to copy and read aloud again

# e

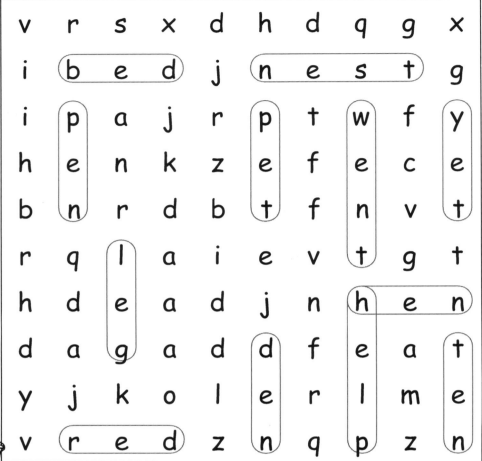

| v | r | s | x | d | h | d | q | g | x |
|---|---|---|---|---|---|---|---|---|---|
| i | b | e | d | j | n | e | s | t | g |
| i | p | a | j | r | p | t | w | f | y |
| h | e | n | k | z | e | f | e | c | e |
| b | n | r | d | b | t | f | n | v | t |
| r | q | l | a | i | e | v | t | g | t |
| h | d | e | a | d | j | n | h | e | n |
| d | a | g | a | d | d | f | e | a | t |
| y | j | k | o | l | e | r | l | m | e |
| v | r | e | d | z | n | q | p | z | n |

| ten | pet | pen | leg |
|-----|-----|-----|-----|
| yet | red | bed | went |
| den | nest | help | hen |

**Extra**

## Word Shape Challenge

 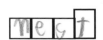  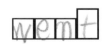

*Tick the star when you have got this far!*

# i

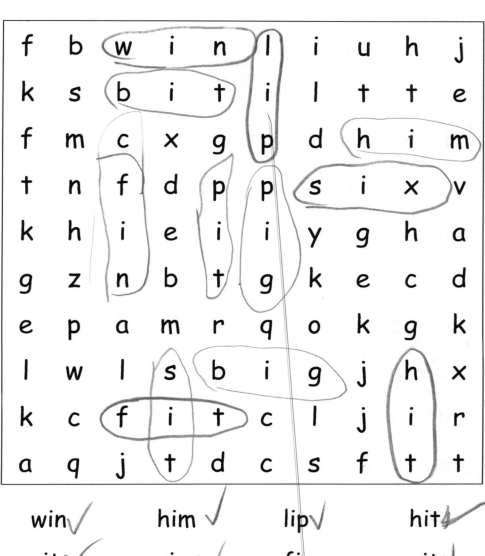

| | | | | | | | | | |
|---|---|---|---|---|---|---|---|---|---|
| f | b | w | i | n | l | i | u | h | j |
| k | s | b | i | t | i | l | t | t | e |
| f | m | c | x | g | p | d | h | i | m |
| t | n | f | d | p | p | s | i | x | v |
| k | h | i | e | i | i | y | g | h | a |
| g | z | n | b | t | g | k | e | c | d |
| e | p | a | m | r | q | o | k | g | k |
| l | w | l | s | b | i | g | j | h | x |
| k | c | f | i | t | c | l | j | i | r |
| a | q | j | t | d | c | s | f | t | t |

win ✓     him ✓     lip ✓     hit ✓

sit ✓     six ✓     fin ✓     pit ✓

big ✓     bit ✓     fit ✓     pig ✓

**Choose words to copy**

 six     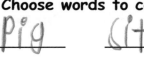 pig     sit      big

**Teaching tips:**

- These words have the short 'i' sound as in 'sit
- Ask "What other words have the 'i sound?" … still, grill
- Choose words to copy and read aloud again

# i

| f | b | w | i | n | l | i | u | h | j |
|---|---|---|---|---|---|---|---|---|---|
| k | s | b | i | t | i | l | t | t | e |
| f | m | c | x | g | p | d | h | i | m |
| t | n | f | d | p | p | s | i | x | v |
| k | h | i | e | i | i | y | g | h | a |
| g | z | n | b | t | g | k | e | c | d |
| e | p | a | m | r | q | o | k | g | k |
| l | w | l | s | b | i | g | j | h | x |
| k | c | f | i | t | c | l | j | i | r |
| a | q | j | t | d | c | s | f | t | t |

| win | him | lip | hit |
|-----|-----|-----|-----|
| sit | six | fin | pit |
| big | bit | fit | pig |

**Extra**

**Word Shape Challenge**

*Tick the star when you have got this far!* ☆

# u

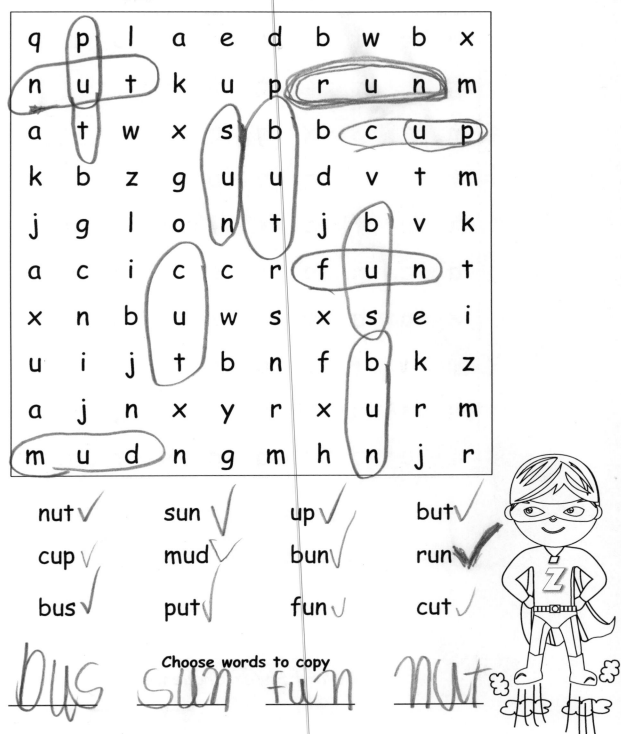

| q | p | l | a | e | d | b | w | b | x |
|---|---|---|---|---|---|---|---|---|---|
| n | u | t | k | u | p | r | u | n | m |
| a | t | w | x | s | b | b | c | u | p |
| k | b | z | g | u | u | d | v | t | m |
| j | g | l | o | n | t | j | b | v | k |
| a | c | i | c | c | r | f | u | n | t |
| x | n | b | u | w | s | x | s | e | i |
| u | i | j | t | b | n | f | b | k | z |
| a | j | n | x | y | r | x | u | r | m |
| m | u | d | n | g | m | h | n | j | r |

nut ✓    sun ✓    up ✓    but ✓

cup ✓    mud ✓    bun ✓    run ✓

bus ✓    put ✓    fun ✓    cut ✓

**Choose words to copy**

bus   sun   fun   nut

**Teaching tips:**
- These words have the short 'u' sound as in 'but'
- Ask "What other words have the 'u' sound?" ... jump, must
- Choose words to copy and read aloud again

# u

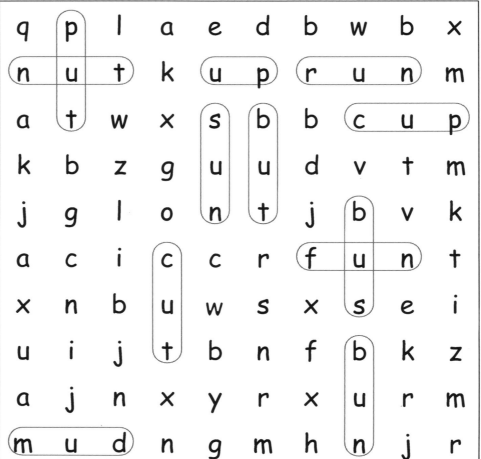

| q | p | l | a | e | d | b | w | b | x |
|---|---|---|---|---|---|---|---|---|---|
| n | u | t | k | u | p | r | u | n | m |
| a | t | w | x | s | b | b | c | u | p |
| k | b | z | g | u | u | d | v | t | m |
| j | g | l | o | n | t | j | b | v | k |
| a | c | i | c | c | r | f | u | n | t |
| x | n | b | u | w | s | x | s | e | i |
| u | i | j | t | b | n | f | b | k | z |
| a | j | n | x | y | r | x | u | r | m |
| m | u | d | n | g | m | h | n | j | r |

| nut | sun | up | but |
|-----|-----|-----|-----|
| cup | mud | bun | run |
| bus | put | fun | cut |

**Extra**

*Word Shape Challenge*

Tick the star when you have got this far!

# Basic Sight Words

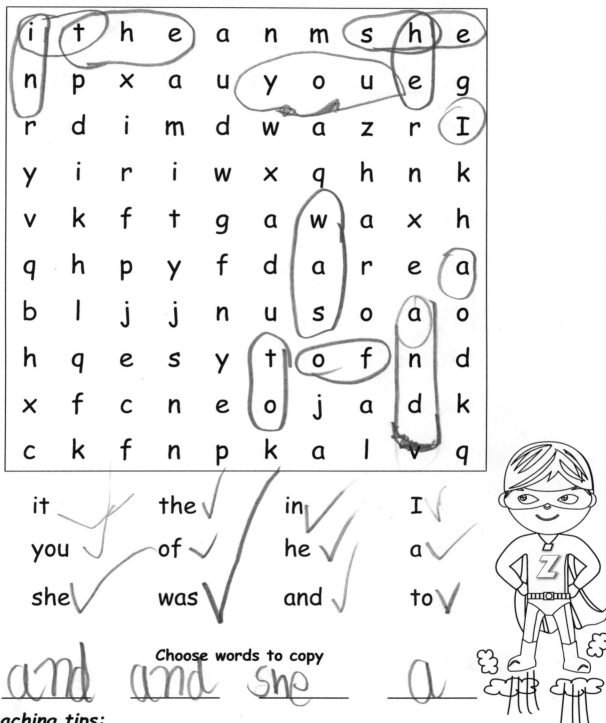

| | | | | | | | | | |
|---|---|---|---|---|---|---|---|---|---|
| i | t | h | e | a | n | m | s | h | e |
| n | p | x | a | u | y | o | u | e | g |
| r | d | i | m | d | w | a | z | r | I |
| y | i | r | i | w | x | q | h | n | k |
| v | k | f | t | g | a | w | a | x | h |
| q | h | p | y | f | d | a | r | e | a |
| b | l | j | j | n | u | s | o | a | o |
| h | q | e | s | y | t | o | f | n | d |
| x | f | c | n | e | o | j | a | d | k |
| c | k | f | n | p | k | a | l | v | q |

it ✓        the ✓        in ✓        I ✓

you ✓        of ✓        he ✓        a ✓

she ✓        was ✓        and ✓        to ✓

**Choose words to copy**

and        and        she        a

**Teaching tips:**
- These words are some of the most commonly used words.
- Being able to read them by 'sight' gives the reader a huge advantage when reading.
- Some of these words cannot be read 'phonetically' eg was, the
- Choose words to copy and read aloud again

# Basic Sight Words

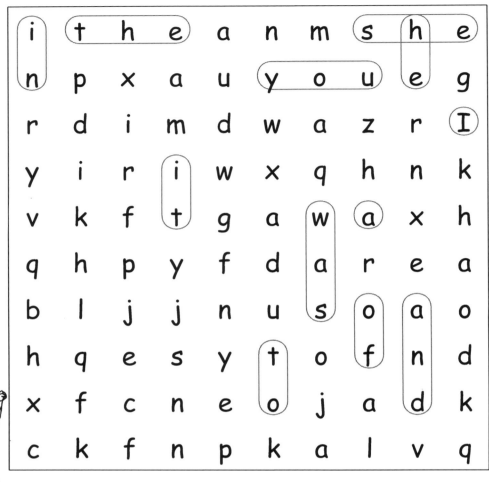

| i | t | h | e | a | n | m | s | h | e |
|---|---|---|---|---|---|---|---|---|---|
| n | p | x | a | u | y | o | u | e | g |
| r | d | i | m | d | w | a | z | r | I |
| y | i | r | i | w | x | q | h | n | k |
| v | k | f | t | g | a | w | a | x | h |
| q | h | p | y | f | d | a | r | e | a |
| b | l | j | j | n | u | s | o | a | o |
| h | q | e | s | y | t | o | f | n | d |
| x | f | c | n | e | o | j | a | d | k |
| c | k | f | n | p | k | a | l | v | q |

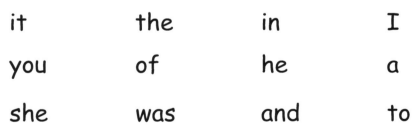

| it | the | in | I |
|---|---|---|---|
| you | of | he | a |
| she | was | and | to |

## Word Shape Challenge

*Tick the star when you have got this far!*

# a-e

| | | | | | | | | |
|---|---|---|---|---|---|---|---|---|
| g | a | v | e | c | g | g | w | g | c |
| n | s | s | b | h | d | a | m | a | a |
| g | a | j | h | g | u | m | r | p | k |
| q | m | v | m | a | d | e | q | d | e |
| m | e | f | l | t | i | p | x | w | c |
| d | n | y | a | e | n | c | z | y | j |
| c | a | r | n | p | b | a | c | l | f |
| g | m | j | e | q | o | v | a | a | c |
| d | e | e | s | a | v | e | s | k | j |
| x | s | u | e | n | a | e | e | e | m |

game ✓    cake ✓    cave ✓    lake ✓

lane ✓    made ✓    same ✓    save ✓

gave ✓    gate ✓    case ✓    name ✓

**Choose words to copy**

## Teaching tips:

- These words have the long 'a' sound as in 'cake'
- The 'e' changes the short 'a' to the long sounding 'a'
- Ask "What other words have the 'a' sound?" ... snake, plane
- Choose words to copy and read aloud again

# a-e

| g | a | v | e | c | g | g | w | g | c |
|---|---|---|---|---|---|---|---|---|---|
| n | s | s | b | h | d | a | m | a | a |
| g | a | j | h | g | u | m | r | p | k |
| q | m | v | m | a | d | e | q | d | e |
| m | e | f | l | t | i | p | x | w | c |
| d | n | y | a | e | n | c | z | y | j |
| c | a | r | n | p | b | a | c | l | f |
| g | m | j | e | q | o | v | a | a | c |
| d | e | e | s | a | v | e | s | k | j |
| x | s | u | e | n | a | e | e | e | m |

| game | cake | cave | lake |
|------|------|------|------|
| lane | made | same | save |
| gave | gate | case | name |

**Word Shape Challenge**

Tick the star when you have got this far!

# i-e

| n | i | n | e | j | s | r | f | z | a |
|---|---|---|---|---|---|---|---|---|---|
| t | i | m | e | c | n | h | i | f | q |
| d | b | i | t | e | r | n | v | i | f |
| i | a | m | f | i | r | q | e | c | a |
| i | b | i | k | e | d | i | c | e | j |
| r | r | r | m | i | b | s | c | s | d |
| i | t | w | i | f | e | s | z | r | l |
| c | c | s | c | l | i | k | e | i | v |
| e | l | q | e | p | x | j | g | d | k |
| m | v | y | o | w | z | e | s | e | c |

| dice | bike | like | mice |
|------|------|------|------|
| wife | five | rice | time |
| ice  | bite | nine | ride |

**Choose words to copy**

_____   _____   _____   _____

**Teaching tips:**
- These words have the long 'i' sound as in 'like'
- The 'e' changes the short 'i' to the long sounding 'i'
- Ask "What other words have the 'i' sound?" ... nice, slide, shine
- Choose words to copy and read aloud again

# i-e

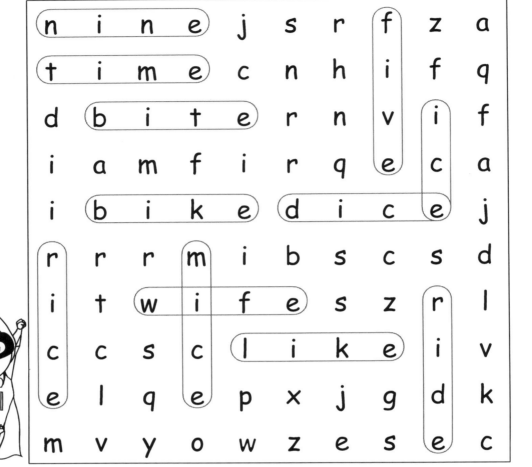

| | | | | | | | | | |
|---|---|---|---|---|---|---|---|---|---|
| n | i | n | e | j | s | r | f | z | a |
| t | i | m | e | c | n | h | i | f | q |
| d | b | i | t | e | r | n | v | i | f |
| i | a | m | f | i | r | q | e | c | a |
| i | b | i | k | e | d | i | c | e | j |
| r | r | r | m | i | b | s | c | s | d |
| i | t | w | i | f | e | s | z | r | l |
| c | c | s | c | l | i | k | e | i | v |
| e | l | q | e | p | x | j | g | d | k |
| m | v | y | o | w | z | e | s | e | c |

| | | | |
|---|---|---|---|
| dice | bike | like | mice |
| wife | five | rice | time |
| ice | bite | nine | ride |

**Word Shape Challenge**

Tick the star when you have got this far!

# o-e

| q | h | c | x | w | x | r | b | h | g |
|---|---|---|---|---|---|---|---|---|---|
| n | o | t | e | f | l | e | p | q | p |
| k | m | i | c | n | v | t | o | f | o |
| x | e | o | q | u | v | o | l | r | k |
| e | m | o | l | e | k | e | e | u | e |
| k | j | n | w | y | k | p | y | c | n |
| b | o | n | e | s | z | h | r | s | o |
| q | k | g | s | b | t | o | n | e | s |
| r | e | r | o | p | e | l | m | w | e |
| i | z | p | t | k | a | e | x | e | z |

| mole | note | home | joke |
|------|------|------|------|
| bone | hole | poke | nose |
| toe  | tone | rope | pole |

**Choose words to copy**

home      hole      Poke      jock

**Teaching tips:**
- These words have the long 'o' sound as in 'note'
- The 'e' changes the short 'o' to the long sounding 'o'
- Ask "What other words have the 'o' sound?" ... broke, spoke
- Choose words to copy and read aloud again

# o-e

```
q  h  c  x  w  x  r  b  h  g
n  o  t  e  f  l  e  p  q  p
k  m  i  c  n  v  t  o  f  o
x  e  o  q  u  v  o  l  r  k
e  m  o  l  e  k  e  e  u  e
k  j  n  w  y  k  p  y  c  n
b  o  n  e  s  z  h  r  s  o
q  k  g  s  b  t  o  n  e  s
r  e  r  o  p  e  l  m  w  e
i  z  p  t  k  a  e  x  e  z
```

| mole | note | home | joke |
|------|------|------|------|
| bone | hole | poke | nose |
| toe  | tone | rope | pole |

**Extra**

*Word Shape Challenge*

*Tick the star when you have got this far!*

# u-e

| | | | | | | | | |
|---|---|---|---|---|---|---|---|---|---|
| p | g | a | e | i | v | m | c | w | k |
| l | m | o | x | v | y | y | u | k | o |
| v | t | h | w | f | p | q | t | h | e |
| t | u | b | e | m | d | k | e | j | j |
| e | n | m | u | p | u | e | m | p | o |
| y | e | e | s | r | n | o | u | l | i |
| y | s | c | t | e | e | e | l | d | y |
| r | v | n | j | q | k | w | e | e | j |
| b | f | u | s | e | m | u | t | e | n |
| a | h | z | t | h | u | g | e | h | q |

| dune | tune | tube | mule |
|------|------|------|------|
| mute | huge | cute | fuse |

**Choose words to copy**

_____     _____     _____     _____

**Teaching tips:**
- _These words have the long 'u' sound as in 'cute'_
- _The 'e' changes the short 'u' to the long sounding 'u'_
- _Ask "What other words have the 'u' sound?" ... flute, blue_
- _Choose words to copy and read aloud again_

# u-e

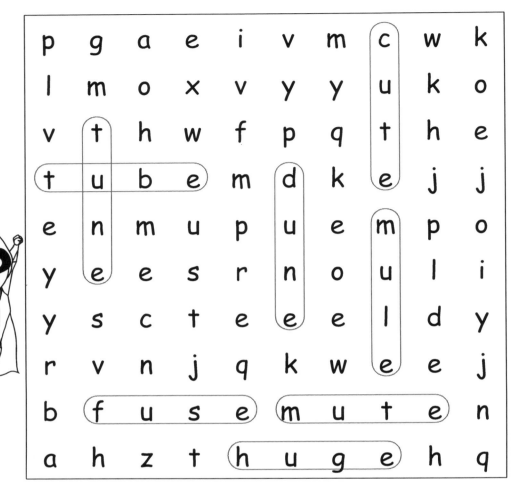

| | | | | | | | | | |
|---|---|---|---|---|---|---|---|---|---|
| p | g | a | e | i | v | m | c | w | k |
| l | m | o | x | v | y | y | u | k | o |
| v | t | h | w | f | p | q | t | h | e |
| t | u | b | e | m | d | k | e | j | j |
| e | n | m | u | p | u | e | m | p | o |
| y | e | e | s | r | n | o | u | l | i |
| y | s | c | t | e | e | e | l | d | y |
| r | v | n | j | q | k | w | e | e | j |
| b | f | u | s | e | m | u | t | e | n |
| a | h | z | t | h | u | g | e | h | q |

| dune | tune | tube | mule |
|---|---|---|---|
| mute | huge | cute | fuse |

**Word Shape Challenge**

*Tick the star when you have got this far!*

# ee

| | | | | | | | | |
|---|---|---|---|---|---|---|---|---|
| f | x | d | e | e | p | h | d | n | h |
| m | e | e | t | f | w | e | e | p | u |
| u | s | t | k | g | l | e | a | l | s |
| d | p | e | a | a | i | q | g | u | x |
| n | t | r | e | e | f | r | e | e | f |
| r | s | s | e | e | d | d | w | z | e |
| j | e | g | d | v | i | n | s | i | e |
| x | e | x | j | b | k | e | e | p | t |
| n | n | r | d | e | e | p | e | q | n |
| y | f | p | e | e | p | x | b | k | r |

| | | | |
|---|---|---|---|
| deep | meet | weep | see |
| tree | peep | seen | keep |
| deep | free | seed | feet |

**Choose words to copy**

**Teaching tips:**
- *These words have the long 'ee' sound as in 'deep'*
- *Ask "What other words have the 'ee' sound?" … green, sleep*
- *Choose words to copy and read aloud again*

# ee

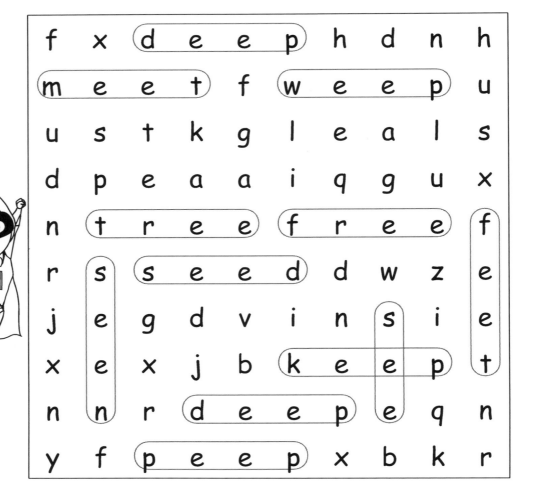

| | | | | | | | | | |
|---|---|---|---|---|---|---|---|---|---|
| f | x | d | e | e | p | h | d | n | h |
| m | e | e | t | f | w | e | e | p | u |
| u | s | t | k | g | l | e | a | l | s |
| d | p | e | a | a | i | q | g | u | x |
| n | t | r | e | e | f | r | e | e | f |
| r | s | s | e | e | d | d | w | z | e |
| j | e | g | d | v | i | n | s | i | e |
| x | e | x | j | b | k | e | e | p | t |
| n | n | r | d | e | e | p | e | q | n |
| y | f | p | e | e | p | x | b | k | r |

| | | | |
|---|---|---|---|
| deep | meet | weep | see |
| tree | peep | seen | keep |
| deep | free | seed | feet |

**Extra**

*Word Shape Challenge*

*Tick the star when you have got this far!*

# oo

| p | u | s | o | o | n | v | m | z | f |
|---|---|---|---|---|---|---|---|---|---|
| r | k | g | d | s | l | o | o | k | a |
| l | d | g | f | l | a | i | o | r | p |
| b | m | o | o | d | u | b | n | o | p |
| x | g | b | o | o | m | n | h | o | c |
| q | o | h | h | o | y | t | o | m | a |
| c | o | o | l | o | t | o | o | l | m |
| o | d | p | f | o | o | t | t | d | r |
| o | j | c | y | u | t | b | q | b | i |
| k | f | i | f | z | g | y | d | e | n |

| hoot | mood | foot | room |
|------|------|------|------|
| look | tool | good | soon |
| cook | boom | cool | moon |

**Choose words to copy**

**Teaching tips:**
- These words have the 'oo' sound as in 'moon'
- Ask "What other words have the 'oo' sound?" ... spoon, balloon
- Discuss variations e.g due to regions - cook, book may use short sound
- Choose words to copy and read aloud again

# oo

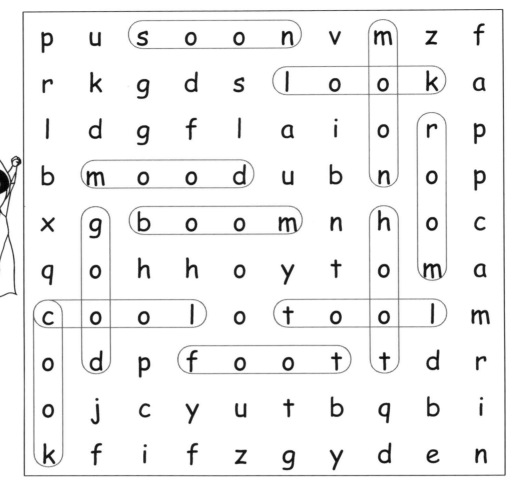

| | | | | | | | | | |
|---|---|---|---|---|---|---|---|---|---|
| p | u | s | o | o | n | v | m | z | f |
| r | k | g | d | s | l | o | o | k | a |
| l | d | g | f | l | a | i | o | r | p |
| b | m | o | o | d | u | b | n | o | p |
| x | g | b | o | o | m | n | h | o | c |
| q | o | h | h | o | y | t | o | m | a |
| c | o | o | l | o | t | o | o | l | m |
| o | d | p | f | o | o | t | t | d | r |
| o | j | c | y | u | t | b | q | b | i |
| k | f | i | f | z | g | y | d | e | n |

| | | | |
|---|---|---|---|
| hoot | mood | foot | room |
| look | tool | good | soon |
| cook | boom | cool | moon |

**Word Shape Challenge**

Tick the star when you have got this far!

# ar

| | | | | | | | | |
|---|---|---|---|---|---|---|---|---|
| p | h | e | j | d | i | f | n | h | p |
| c | c | p | w | a | z | r | g | z | l |
| c | a | r | t | r | q | p | r | f | t |
| j | r | f | y | k | m | n | k | n | a |
| n | y | r | j | i | f | a | r | p | r |
| i | p | a | r | k | n | p | a | o | t |
| c | k | c | l | e | m | b | a | r | l |
| e | p | a | r | t | o | q | f | j | l |
| l | h | l | u | b | a | r | k | a | f |
| c | f | s | t | a | r | w | v | r | v |

| tart | park | car | bar |
|------|------|-----|-----|
| star | cart | jar | bark |
| dark | far | part | tar |

**Choose words to copy**

**Teaching tips:**
- *These words have the 'ar' sound as in 'bark'*
- *Ask "What other words have the 'ar' sound?" ... scarf*
- *Choose words to copy and read aloud again*

# ar

| | | | | | | | | | |
|---|---|---|---|---|---|---|---|---|---|
| p | h | e | j | d | i | f | n | h | p |
| c | c | p | w | a | z | r | g | z | l |
| c | a | r | t | r | q | p | r | f | t |
| j | r | f | y | k | m | n | k | n | a |
| n | y | r | j | i | f | a | r | p | r |
| i | p | a | r | k | n | p | a | o | t |
| c | k | c | l | e | m | b | a | r | l |
| e | p | a | r | t | o | q | f | j | l |
| l | h | l | u | b | a | r | k | a | f |
| c | f | s | t | a | r | w | v | r | v |

| | | | |
|---|---|---|---|
| tart | park | car | bar |
| star | cart | jar | bark |
| dark | far | part | tar |

### Word Shape Challenge

*Tick the star when you have got this far!*

# or

| h | s | e | f | v | k | y | j | h | t |
|---|---|---|---|---|---|---|---|---|---|
| r | s | b | n | a | l | g | w | f | k |
| f | o | r | b | o | r | n | o | c | i |
| o | r | m | t | y | y | f | r | o | u |
| p | t | p | o | r | k | o | n | r | i |
| o | c | o | r | n | v | r | k | k | f |
| r | k | n | n | p | r | t | r | m | o |
| t | f | h | b | r | h | o | r | n | r |
| c | n | j | t | a | h | e | j | l | k |
| q | j | o | a | v | k | d | e | j | i |

| fork | for | sort | fort |
|------|-----|------|------|
| pork | cork | born | port |
| horn | torn | worn | corn |

**Choose words to copy**

**Teaching tips:**
- *These words have the 'or' sound as in 'fork'*
- *Discuss variations in the sounds fork/fort*
- *Ask "What other words have the 'or' sound?" ... horse,storm*
- *Choose words to copy and read aloud again*

# or

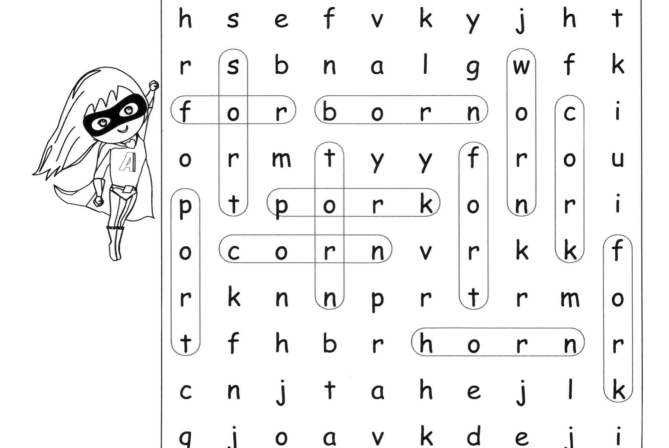

| | | | | | | | | | |
|---|---|---|---|---|---|---|---|---|---|
| h | s | e | f | v | k | y | j | h | t |
| r | s | b | n | a | l | g | w | f | k |
| f | o | r | b | o | r | n | o | c | i |
| o | r | m | t | y | y | f | r | o | u |
| p | t | p | o | r | k | o | n | r | i |
| o | c | o | r | n | v | r | k | f |
| r | k | n | n | p | r | t | r | m | o |
| t | f | h | b | r | h | o | r | n | r |
| c | n | j | t | a | h | e | j | l | k |
| q | j | o | a | v | k | d | e | j | i |

| | | | |
|---|---|---|---|
| fork | for | sort | fort |
| pork | cork | born | port |
| horn | torn | worn | corn |

**Word Shape Challenge**

Tick the star when you have got this far!

# ai

| | | | | | | | | | |
|---|---|---|---|---|---|---|---|---|---|
| v | r | u | c | m | w | l | j | e | x |
| t | a | i | l | a | b | d | r | j | x |
| f | i | x | l | b | p | l | a | i | n |
| y | l | j | p | f | s | n | a | i | l |
| j | w | t | a | i | h | r | e | g | p |
| p | a | r | i | s | j | r | a | i | n |
| t | i | a | n | i | i | y | w | n | l |
| z | t | i | t | s | p | y | c | a | t |
| u | w | n | a | g | a | i | n | i | x |
| a | i | m | p | a | i | n | x | l | m |

| | | | |
|---|---|---|---|
| tail | pain | plain | again |
| rail | snail | rain | aim |
| train | nail | paint | wait |

**Choose words to copy**

_____    _____    _____    _____

**Teaching tips:**
- *These words have the 'ai' sound as in 'rain'*
- *Ask "What other words have the 'ai' sound?" ... chain, again*
- *Choose words to copy and read aloud again*

# ai

```
v  r  u  c  m  w  l  j  e  x
t  a  i  l  a  b  d  r  j  x
f  i  x  l  b  p  l  a  i  n
y  l  j  p  f  s  n  a  i  l
j  w  t  a  i  h  r  e  g  p
p  a  r  i  s  j  r  a  i  n
t  i  a  n  i  i  y  w  n  l
z  t  i  t  s  p  y  c  a  t
u  w  n  a  g  a  i  n  i  x
a  i  m  p  a  i  n  x  l  m
```

| tail | pain | plain | again |
|------|------|-------|-------|
| rail | snail | rain | aim |
| train | nail | paint | wait |

**Word Shape Challenge**

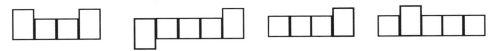

*Tick the star when you have got this far!*

# oa

| | | | | | | | | | |
|---|---|---|---|---|---|---|---|---|---|
| s | n | w | k | r | q | z | k | s | n |
| m | m | l | o | a | f | s | j | y | f |
| u | e | c | t | h | w | o | x | n | v |
| t | t | o | a | s | t | a | a | r | r |
| q | t | a | j | p | o | p | u | q | y |
| c | v | s | d | r | k | c | o | a | t |
| v | z | t | k | o | q | b | x | u | u |
| a | y | b | o | a | t | w | d | w | v |
| u | y | f | s | d | c | m | o | a | n |
| j | a | z | j | q | i | x | y | r | s |

boat        loaf        road        toast

soap        moan        coast        coat

**Choose words to copy**

_____   _____   _____   _____

**Teaching tips:**
- *These words have the 'oa' sound as in 'coat'*
- *Ask "What other words have the 'oa' sound?" … float, loaves*
- *Choose words to copy and read aloud again*

# oa

| s | n | w | k | r | q | z | k | s | n |
|---|---|---|---|---|---|---|---|---|---|
| m | m | l | o | a | f | s | j | y | f |
| u | e | c | t | h | w | o | x | n | v |
| t | t | o | a | s | t | a | a | r | r |
| q | t | a | j | p | o | p | u | q | y |
| c | v | s | d | r | k | c | o | a | t |
| v | z | t | k | o | q | b | x | u | u |
| a | y | b | o | a | t | w | d | w | v |
| u | y | f | s | d | c | m | o | a | n |
| j | a | z | j | q | i | x | y | r | s |

| boat | loaf | road | toast |
|------|------|------|-------|
| soap | moan | coast | coat |

**Word Shape Challenge**

Tick the star when you have got this far!

# ea

| | | | | | | | | | |
|---|---|---|---|---|---|---|---|---|---|
| u | y | e | m | j | w | e | c | s | h |
| p | j | a | s | b | v | t | h | o | f |
| e | c | b | j | e | l | e | b | k | i |
| a | d | m | e | a | t | a | m | g | h |
| h | e | a | t | n | n | m | v | r | j |
| s | e | a | t | r | m | r | u | v | v |
| g | g | t | e | a | e | i | t | r | e |
| z | z | a | s | e | a | e | a | c | h |
| n | s | t | z | j | n | a | z | h | s |
| s | t | e | a | c | h | t | s | o | v |

| | | | |
|---|---|---|---|
| meat | teach | eat | heat |
| each | team | bean | tea |
| pea | sea | seat | mean |

**Choose words to copy**

_____    _____    _____    _____

**Teaching tips:**
- *These words have the 'ea' sound as in 'seat'*
- *Ask "What other words have the 'ea' sound?" ... beach, reach*
- *Choose words to copy and read aloud again*

# ea

| u | y | e | m | j | w | e | c | s | h |
|---|---|---|---|---|---|---|---|---|---|
| p | j | a | s | b | v | t | h | o | f |
| e | c | b | j | e | l | e | b | k | i |
| a | d | m | e | a | t | a | m | g | h |
| h | e | a | t | n | n | m | v | r | j |
| s | e | a | t | r | m | r | u | v | v |
| g | g | t | e | a | e | i | t | r | e |
| z | z | a | s | e | a | e | a | c | h |
| n | s | t | z | j | n | a | z | h | s |
| s | t | e | a | c | h | t | s | o | v |

| meat | teach | eat | heat |
|------|-------|-----|------|
| each | team | bean | tea |
| pea | sea | seat | mean |

**Word Shape Challenge**

*Tick the star when you have got this far!*

# ou

| h | x | m | z | n | e | c | a | a | z |
|---|---|---|---|---|---|---|---|---|---|
| j | h | o | u | n | d | l | q | z | s |
| s | o | u | n | d | m | o | u | s | e |
| v | l | n | g | r | o | u | n | d | h |
| n | b | d | r | v | s | d | p | i | z |
| n | l | h | o | w | h | f | n | l | q |
| p | b | o | u | m | o | o | k | o | o |
| k | u | u | n | e | u | u | g | u | u |
| c | n | s | d | y | t | n | h | d | t |
| n | f | e | y | g | f | d | p | c | j |

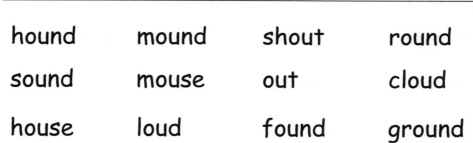

| hound | mound | shout | round |
|-------|-------|-------|-------|
| sound | mouse | out | cloud |
| house | loud | found | ground |

**Choose words to copy**

_____   _____   _____   _____

**Teaching tips:**
- *These words have the 'ou' sound as in 'loud'*
- *Ask "What other words have the 'ou' sound?" ... surround*
- *Choose words to copy and read aloud again*

# ou

| h | x | m | z | n | e | c | a | a | z |
|---|---|---|---|---|---|---|---|---|---|
| j | h | o | u | n | d | l | q | z | s |
| s | o | u | n | d | m | o | u | s | e |
| v | l | n | g | r | o | u | n | d | h |
| n | b | d | r | v | s | d | p | i | z |
| n | l | h | o | w | h | f | n | l | q |
| p | b | o | u | m | o | o | k | o | o |
| k | u | u | n | e | u | u | g | u | u |
| c | n | s | d | y | t | n | h | d | t |
| n | f | e | y | g | f | d | p | c | j |

| hound | mound | shout | round |
|-------|-------|-------|-------|
| sound | mouse | out   | cloud |
| house | loud  | found | ground |

**Word Shape Challenge**

*Tick the star when you have got this far!*

# a

| | | | | | | | | | |
|---|---|---|---|---|---|---|---|---|---|
| h | a | t | f | t | h | n | v | q | n |
| q | d | l | a | i | h | i | h | n | a |
| w | r | a | n | b | a | g | d | u | x |
| d | l | n | j | q | m | t | b | y | l |
| d | l | x | q | c | o | a | a | d | f |
| r | q | h | m | a | r | n | t | m | x |
| s | a | d | a | m | p | a | t | h | m |
| m | a | n | t | w | c | a | t | q | s |
| e | r | q | t | w | d | c | a | h | j |
| q | p | k | n | c | t | m | i | u | e |

| | | | |
|---|---|---|---|
| cat | pat | hat | ham |
| tan | ran | mat | bat |
| man | sad | bag | fan |

**Choose words to copy**

_____   _____   _____   _____

**Teaching tips:**
- *These words have the short 'a' sound as in 'bat'*
- *Ask "What other words have the 'a' sound?"  ... jam, can*
- *Choose words to copy and read aloud again*

# a

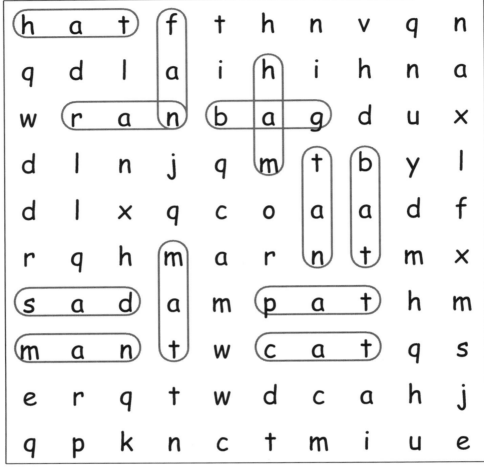

| h | a | t | f | t | h | n | v | q | n |
| q | d | l | a | i | h | i | h | n | a |
| w | r | a | n | b | a | g | d | u | x |
| d | l | n | j | q | m | t | b | y | l |
| d | l | x | q | c | o | a | a | d | f |
| r | q | h | m | a | r | n | t | m | x |
| s | a | d | a | m | p | a | t | h | m |
| m | a | n | t | w | c | a | t | q | s |
| e | r | q | t | w | d | c | a | h | j |
| q | p | k | n | c | t | m | i | u | e |

| cat | pat | hat | ham |
| tan | ran | mat | bat |
| man | sad | bag | fan |

## Word Shape Challenge

Tick the star when you have got this far!

# o

| d | i | h | u | e | d | m | b | i | y |
|---|---|---|---|---|---|---|---|---|---|
| o | c | o | l | o | t | p | o | c | w |
| g | d | t | t | f | t | t | x | o | l |
| g | c | a | s | o | v | o | t | t | w |
| j | w | j | x | x | c | g | t | g | q |
| b | w | d | o | t | e | h | o | p | o |
| t | c | s | y | w | e | n | p | p | n |
| i | v | f | j | p | r | p | y | m | m |
| d | k | p | t | o | b | p | x | o | v |
| g | d | k | v | t | v | j | g | p | b |

| box | pot | hot | hop |
|-----|-----|-----|-----|
| fox | dot | lot | dog |
| on | top | cot | mop |

**Choose words to copy**

_____    _____    _____    _____

**Teaching tips:**
- *These words have the short 'o' sound as in 'top'*
- *Ask "What other words have the 'o' sound?"  ... pop, stop*
- *Choose words to copy and read aloud again*

# O

| d | i | h | u | e | d | m | b | i | y |
|---|---|---|---|---|---|---|---|---|---|
| o | c | o | l | o | t | p | o | c | w |
| g | d | t | t | f | t | t | x | o | l |
| g | c | a | s | o | v | o | t | t | w |
| j | w | j | x | x | c | g | t | g | q |
| b | w | d | o | t | e | h | o | p | o |
| t | c | s | y | w | e | n | p | p | n |
| i | v | f | j | p | r | p | y | m | m |
| d | k | p | t | o | b | p | x | o | v |
| g | d | k | v | t | v | j | g | p | b |

| box | pot | hot | hop |
|-----|-----|-----|-----|
| fox | dot | lot | dog |
| on | top | cot | mop |

**Word Shape Challenge**

*Tick the star when you have got this far!*

# e

| | | | | | | | | | |
|---|---|---|---|---|---|---|---|---|---|
| u | d | h | n | v | y | a | t | y | q |
| d | e | n | c | d | u | r | d | g | f |
| j | h | e | n | k | p | e | t | p | n |
| b | b | t | p | k | t | d | x | j | h |
| e | t | q | t | e | n | h | y | l | e |
| d | l | e | r | w | e | n | t | q | l |
| n | e | f | m | n | r | d | g | k | p |
| e | g | j | k | z | p | e | n | l | b |
| s | v | f | f | g | o | n | x | f | q |
| t | f | u | y | e | t | f | o | g | w |

| | | | |
|---|---|---|---|
| pen | yet | help | pet |
| nest | ten | hen | leg |
| den | went | bed | red |

**Choose words to copy**

_____   _____   _____   _____

**Teaching tips:**
- *These words have the short 'e' sound as in 'ten'*
- *Ask "What other words have the 'e' sound?" ... tell, nest*
- *Choose words to copy and read aloud again*

# e

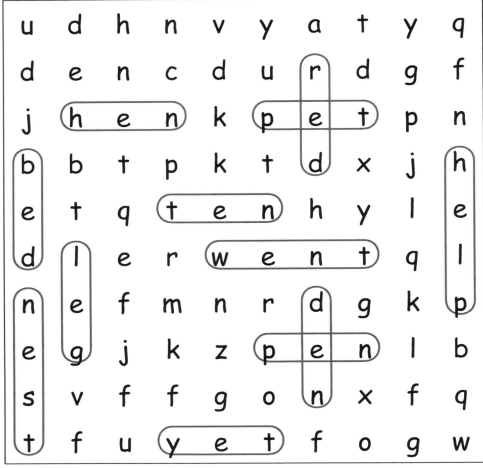

| | | | | | | | | | |
|---|---|---|---|---|---|---|---|---|---|
| u | d | h | n | v | y | a | t | y | q |
| d | e | n | c | d | u | r | d | g | f |
| j | h | e | n | k | p | e | t | p | n |
| b | b | t | p | k | t | d | x | j | h |
| e | t | q | t | e | n | h | y | l | e |
| d | l | e | r | w | e | n | t | q | l |
| n | e | f | m | n | r | d | g | k | p |
| e | g | j | k | z | p | e | n | l | b |
| s | v | f | f | g | o | n | x | f | q |
| t | f | u | y | e | t | f | o | g | w |

pen     yet     help     pet

nest     ten     hen     leg

den     went     bed     red

**Extra**

### Word Shape Challenge

*Tick the star when you have got this far!*

# i

| | | | | | | | | | |
|---|---|---|---|---|---|---|---|---|---|
| t | g | v | h | k | i | u | y | b | f |
| d | r | c | h | e | g | c | u | i | m |
| z | z | j | f | j | q | v | s | t | m |
| q | o | t | f | i | n | p | i | g | s |
| h | i | m | o | j | n | r | t | b | o |
| i | s | f | f | n | g | t | v | i | f |
| n | z | l | i | p | i | t | s | g | i |
| h | o | j | l | b | j | w | i | n | t |
| n | x | h | c | h | i | t | x | n | w |
| e | l | y | s | f | f | m | p | i | p |

| | | | |
|---|---|---|---|
| sit | win | him | fit |
| bit | hit | pit | fin |
| six | lip | big | pig |

**Choose words to copy**

_____   _____   _____   _____

**Teaching tips:**
- *These words have the short 'i' sound as in 'sit*
- *Ask "What other words have the 'i sound?" … still, grill*
- *Choose words to copy and read aloud again*

# i

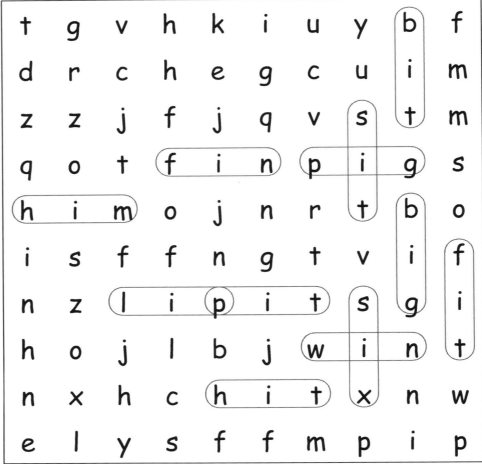

| | | | | | | | | | |
|---|---|---|---|---|---|---|---|---|---|
| t | g | v | h | k | i | u | y | b | f |
| d | r | c | h | e | g | c | u | i | m |
| z | z | j | f | j | q | v | s | t | m |
| q | o | t | f | i | n | p | i | g | s |
| h | i | m | o | j | n | r | t | b | o |
| i | s | f | f | n | g | t | v | i | f |
| n | z | l | i | p | i | t | s | g | i |
| h | o | j | l | b | j | w | i | n | t |
| n | x | h | c | h | i | t | x | n | w |
| e | l | y | s | f | f | m | p | i | p |

| | | | |
|---|---|---|---|
| sit | win | him | fit |
| bit | hit | pit | fin |
| six | lip | big | pig |

**Word Shape Challenge**

Tick the star when you have got this far!

# u

| | | | | | | | | | |
|---|---|---|---|---|---|---|---|---|---|
| v | m | n | s | u | h | g | s | m | m |
| b | c | u | t | p | a | a | b | i | x |
| u | j | t | d | q | x | p | b | n | d |
| n | q | x | j | r | f | f | u | c | z |
| m | g | k | f | y | d | m | s | d | d |
| s | z | d | p | k | m | u | r | r | z |
| u | u | f | u | n | u | d | p | u | w |
| n | r | c | t | k | e | b | l | n | z |
| y | t | u | s | u | y | u | c | a | b |
| a | p | p | m | a | t | t | q | v | k |

| | | | |
|---|---|---|---|
| mud | sun | put | cut |
| up | nut | cup | fun |
| run | but | bus | bun |

**Choose words to copy**

_____    _____    _____    _____

**Teaching tips:**
- *These words have the short 'u' sound as in 'but'*
- *Ask "What other words have the 'u' sound?" ... jump, must*
- *Choose words to copy and read aloud again*

# u

| v | m | n | s | u | h | g | s | m | m |
|---|---|---|---|---|---|---|---|---|---|
| b | c | u | t | p | a | a | b | i | x |
| u | j | t | d | q | x | p | b | n | d |
| n | q | x | j | r | f | f | u | c | z |
| m | g | k | f | y | d | m | s | d | d |
| s | z | d | p | k | m | u | r | r | z |
| u | u | f | u | n | u | d | p | u | w |
| n | r | c | t | k | e | b | l | n | z |
| y | t | u | s | u | y | u | c | a | b |
| a | p | p | m | a | t | t | q | v | k |

| mud | sun | put | cut |
|-----|-----|-----|-----|
| up | nut | cup | fun |
| run | but | bus | bun |

## Word Shape Challenge

Tick the star when you have got this far!

# Basic Sight Words

| q | g | h | v | a | e | b | t | y | d |
|---|---|---|---|---|---|---|---|---|---|
| s | w | t | h | e | v | h | g | o | p |
| l | s | o | v | w | a | s | q | u | s |
| x | f | z | p | b | g | u | d | p | w |
| e | w | n | m | i | m | h | j | w | a |
| y | i | t | m | q | I | e | v | a | c |
| n | u | x | t | p | y | b | u | a | v |
| s | h | e | u | y | k | i | n | n | g |
| r | o | u | t | k | x | e | h | d | n |
| m | f | i | u | x | c | b | v | v | r |

| the | in | a | was |
|-----|-----|-----|-----|
| and | he | to | you |
| of | it | she | I |

**Choose words to copy**

_____  _____  _____  _____

*Teaching tips:*
- *These words are some of the most commonly used words.*
- *Being able to read them by 'sight' gives the reader a huge advantage when reading.*
- *Some of these words cannot be read 'phonetically' eg was, the*
- *Choose words to copy and read aloud again*

# Basic Sight Words

```
q  g  h  v  a  e  b  t  y  d
s  w  t  h  e  v  h  g  o  p
l  s  o  v  w  a  s  q  u  s
x  f  z  p  b  g  u  d  p  w
e  w  n  m  i  m  h  j  w  a
y  i  t  m  q  I  e  v  a  c
n  u  x  t  p  y  b  u  a  v
s  h  e  u  y  k  i  n  n  g
r  o  u  t  k  x  e  h  d  n
m  f  i  u  x  c  b  v  v  r
```

| | | | |
|---|---|---|---|
| the | in | a | was |
| and | he | to | you |
| of | it | she | I |

**Word Shape Challenge**

Tick the star when you have got this far!

# a-e

| e | v | l | a | n | e | m | i | h | g |
|---|---|---|---|---|---|---|---|---|---|
| t | o | g | q | x | e | a | u | a | m |
| m | i | a | i | k | k | d | r | d | w |
| g | m | v | g | a | t | e | e | e | t |
| s | g | e | g | c | i | p | h | c | r |
| d | r | j | s | a | v | e | b | a | d |
| l | f | h | b | v | c | g | k | s | q |
| a | f | f | y | e | a | a | r | e | s |
| k | s | a | m | e | k | m | s | o | h |
| e | n | a | m | e | e | e | o | o | x |

| game | save | lane | gave |
|------|------|------|------|
| cave | case | same | name |
| lake | cake | gate | made |

**Choose words to copy**

_____    _____    _____    _____

**Teaching tips:**
- *These words have the long 'a' sound as in 'cake'*
- *The 'e' changes the short 'a' to the long sounding 'a'*
- *Ask "What other words have the 'a' sound?" ... snake, plane*
- *Choose words to copy and read aloud again*

# a-e

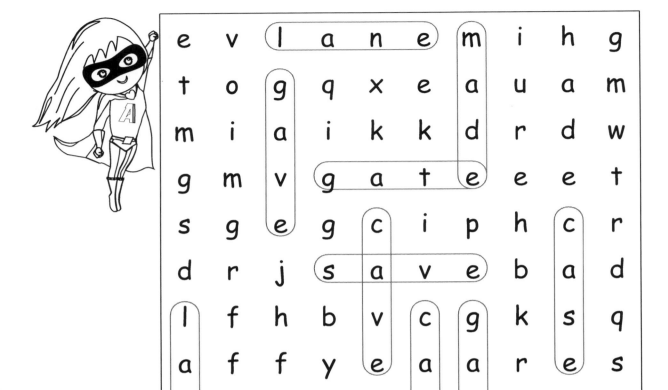

| | | | | | | | | | |
|---|---|---|---|---|---|---|---|---|---|
| e | v | l | a | n | e | m | i | h | g |
| t | o | g | q | x | e | a | u | a | m |
| m | i | a | i | k | k | d | r | d | w |
| g | m | v | g | a | t | e | e | e | t |
| s | g | e | g | c | i | p | h | c | r |
| d | r | j | s | a | v | e | b | a | d |
| l | f | h | b | v | c | g | k | s | q |
| a | f | f | y | e | a | a | r | e | s |
| k | s | a | m | e | k | m | s | o | h |
| e | n | a | m | e | e | e | o | o | x |

game     save     lane     gave

cave     case     same     name

lake     cake     gate     made

**Word Shape Challenge**

Tick the star when you have got this far!

# i-e

| | | | | | | | | | |
|---|---|---|---|---|---|---|---|---|---|
| g | v | i | p | f | i | v | e | i | p |
| w | l | u | b | z | q | k | y | b | i |
| i | n | a | a | b | d | m | m | i | t |
| f | b | i | t | e | a | f | r | k | p |
| e | k | l | l | w | r | i | c | e | l |
| v | i | t | i | m | e | d | i | c | e |
| u | w | c | k | i | n | m | b | p | e |
| m | i | c | e | c | i | r | i | d | e |
| c | b | f | f | e | n | z | g | e | i |
| v | s | w | x | a | e | p | p | w | n |

| ice | bike | like | time |
|------|------|------|------|
| dice | five | nine | mice |
| ride | wife | rice | bite |

**Choose words to copy**

_____    _____    _____    _____

**Teaching tips:**
- These words have the long 'i' sound as in 'like'
- The 'e' changes the short 'i' to the long sounding 'i'
- Ask "What other words have the 'i' sound?" … nice, slide, shine
- Choose words to copy and read aloud again

# i-e

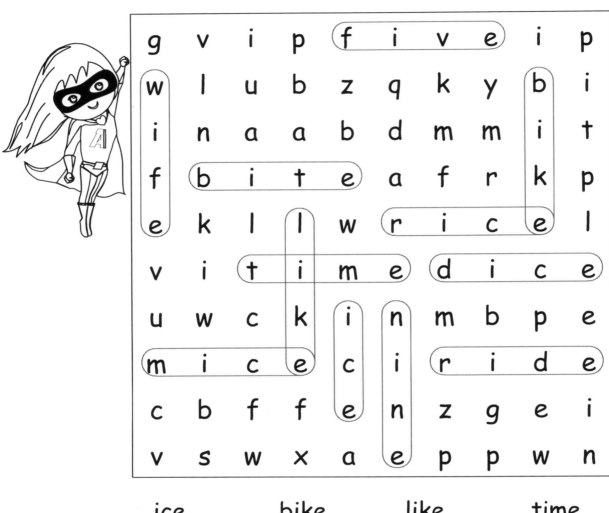

| | | | | | | | | |
|---|---|---|---|---|---|---|---|---|
| g | v | i | p | f | i | v | e | i | p |
| w | l | u | b | z | q | k | y | b | i |
| i | n | a | a | b | d | m | m | i | t |
| f | b | i | t | e | a | f | r | k | p |
| e | k | l | l | w | r | i | c | e | l |
| v | i | t | i | m | e | d | i | c | e |
| u | w | c | k | i | n | m | b | p | e |
| m | i | c | e | c | i | r | i | d | e |
| c | b | f | f | e | n | z | g | e | i |
| v | s | w | x | a | e | p | p | w | n |

| | | | |
|---|---|---|---|
| ice | bike | like | time |
| dice | five | nine | mice |
| ride | wife | rice | bite |

**Word Shape Challenge**

Tick the star when you have got this far!

# o-e

| | | | | | | | | | |
|---|---|---|---|---|---|---|---|---|---|
| t | e | l | n | p | h | p | y | a | j |
| n | k | h | o | m | e | o | b | r | i |
| a | u | b | o | n | e | k | t | o | e |
| k | d | j | h | y | x | e | f | z | y |
| y | z | p | o | l | e | j | o | k | e |
| b | r | t | l | c | c | p | f | a | k |
| o | o | o | e | m | n | o | s | e | y |
| u | p | n | n | o | t | e | f | x | i |
| t | e | e | j | l | p | m | l | d | f |
| y | i | x | q | e | u | l | v | r | c |

| | | | |
|---|---|---|---|
| pole | tone | hole | home |
| mole | rope | bone | note |
| nose | poke | toe | joke |

**Choose words to copy**

_____  _____  _____  _____

**Teaching tips:**
- *These words have the long 'o' sound as in 'note'*
- *The 'e' changes the short 'o' to the long sounding 'o'*
- *Ask "What other words have the 'o' sound?" ... broke, spoke*
- *Choose words to copy and read aloud again*

# o-e

| t | e | l | n | p | h | p | y | a | j |
|---|---|---|---|---|---|---|---|---|---|
| n | k | h | o | m | e | o | b | r | i |
| a | u | b | o | n | e | k | t | o | e |
| k | d | j | h | y | x | e | f | z | y |
| y | z | p | o | l | e | j | o | k | e |
| b | r | t | l | c | c | p | f | a | k |
| o | o | o | e | m | n | o | s | e | y |
| u | p | n | n | o | t | e | f | x | i |
| t | e | e | j | l | p | m | l | d | f |
| y | i | x | q | e | u | l | v | r | c |

| pole | tone | hole | home |
|------|------|------|------|
| mole | rope | bone | note |
| nose | poke | toe  | joke |

***Word Shape Challenge***

 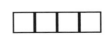 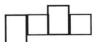

*Tick the star when you have got this far!*

# u-e

| b | e | b | m | z | z | i | w | f | z |
|---|---|---|---|---|---|---|---|---|---|
| g | x | w | m | d | i | u | z | r | p |
| o | f | t | w | n | q | q | g | y | y |
| q | t | u | f | r | c | u | p | y | u |
| e | e | b | c | u | m | c | u | t | e |
| e | t | e | x | d | u | n | e | f | z |
| m | u | t | e | m | l | v | n | u | o |
| x | t | u | v | l | e | b | w | s | i |
| n | v | n | h | u | g | e | j | e | t |
| j | y | e | o | f | b | g | u | s | o |

| fuse | mule | huge | dune |
|------|------|------|------|
| tune | mute | cute | tube |

**Choose words to copy**

_____   _____   _____   _____

**Teaching tips:**
- These words have the long 'u' sound as in 'cute'
- The 'e' changes the short 'u' to the long sounding 'u'
- Ask "What other words have the 'u' sound?" ... flute, blue
- Choose words to copy and read aloud again

# u-e

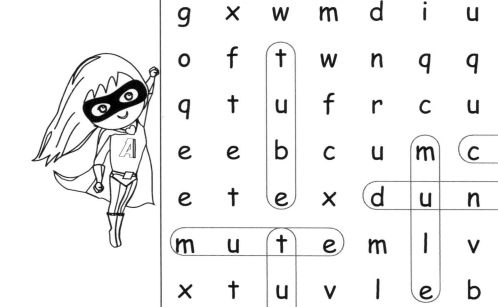

| | | | | | | | | | |
|---|---|---|---|---|---|---|---|---|---|
| b | e | b | m | z | z | i | w | f | z |
| g | x | w | m | d | i | u | z | r | p |
| o | f | t | w | n | q | q | g | y | y |
| q | t | u | f | r | c | u | p | y | u |
| e | e | b | c | u | m | c | u | t | e |
| e | t | e | x | d | u | n | e | f | z |
| m | u | t | e | m | l | v | n | u | o |
| x | t | u | v | l | e | b | w | s | i |
| n | v | n | h | u | g | e | j | e | t |
| j | y | e | o | f | b | g | u | s | o |

fuse        mule        huge        dune

tune        mute        cute        tube

**Word Shape Challenge**

Tick the star when you have got this far!

# ee

| e | o | r | h | t | m | e | e | t | d |
|---|---|---|---|---|---|---|---|---|---|
| o | t | l | y | a | x | d | v | q | t |
| e | f | e | e | t | d | e | e | p | s |
| b | k | c | b | d | y | e | e | h | e |
| k | e | e | p | j | p | p | e | p | e |
| s | b | r | w | e | e | p | g | e | n |
| e | c | f | c | s | f | g | o | e | c |
| e | t | r | e | e | h | y | l | p | a |
| d | k | e | r | e | s | t | b | d | h |
| q | x | e | t | v | x | k | o | g | f |

| seed | feet | free | deep |
|------|------|------|------|
| peep | meet | keep | see |
| tree | weep | deep | seen |

**Choose words to copy**

_____  _____  _____  _____

**Teaching tips:**
- *These words have the long 'ee' sound as in 'deep'*
- *Ask "What other words have the 'ee' sound?" … green, sleep*
- *Choose words to copy and read aloud again*

# ee

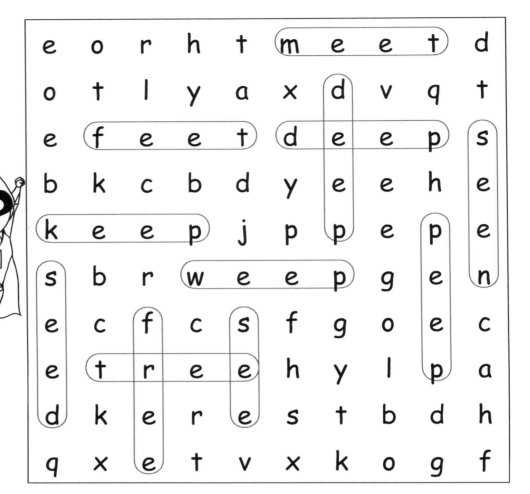

| | | | | | | | | | |
|---|---|---|---|---|---|---|---|---|---|
| e | o | r | h | t | m | e | e | t | d |
| o | t | l | y | a | x | d | v | q | t |
| e | f | e | e | t | d | e | e | p | s |
| b | k | c | b | d | y | e | e | h | e |
| k | e | e | p | j | p | p | e | p | e |
| s | b | r | w | e | e | p | g | e | n |
| e | c | f | c | s | f | g | o | e | c |
| e | t | r | e | e | h | y | l | p | a |
| d | k | e | r | e | s | t | b | d | h |
| q | x | e | t | v | x | k | o | g | f |

| | | | |
|---|---|---|---|
| seed | feet | free | deep |
| peep | meet | keep | see |
| tree | weep | deep | seen |

 **Extra**

## Word Shape Challenge

*Tick the star when you have got this far!*

# oo

| c | o | o | k | c | u | g | q | w | m |
| c | w | h | a | o | z | o | v | f | b |
| n | i | o | i | o | d | o | r | o | o |
| e | j | o | t | l | e | d | r | o | p |
| p | r | t | j | m | o | o | d | t | p |
| d | c | r | u | s | c | t | o | o | l |
| v | e | o | y | c | v | q | k | z | w |
| b | o | o | m | a | n | l | o | o | k |
| k | b | m | x | s | o | o | n | o | m |
| m | n | a | q | s | d | f | k | d | d |

| soon | room | cook | zoo |
| tool | good | look | foot |
| coot | mood | boom | cool |

**Choose words to copy**

_____    _____    _____    _____

**Teaching tips:**
- *These words have the 'oo' sound as in 'moon'*
- *Ask "What other words have the 'oo' sound?" … spoon, balloon*
- *Discuss variations e.g due to regions - cook, book may use short sound*
- *Choose words to copy and read aloud again*

# OO

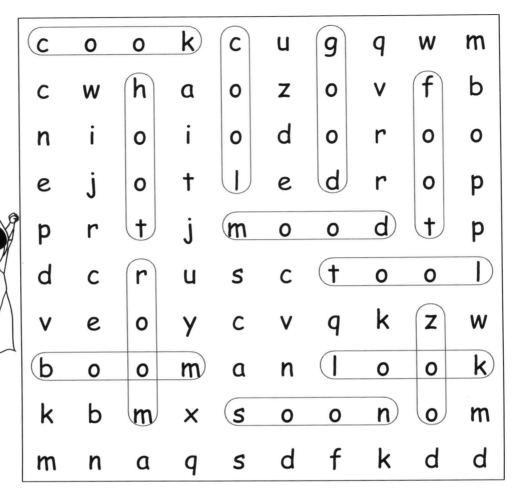

| | | | | | | | | | |
|---|---|---|---|---|---|---|---|---|---|
| c | o | o | k | c | u | g | q | w | m |
| c | w | h | a | o | z | o | v | f | b |
| n | i | o | i | o | d | o | r | o | o |
| e | j | o | t | l | e | d | r | o | p |
| p | r | t | j | m | o | o | d | t | p |
| d | c | r | u | s | c | t | o | o | l |
| v | e | o | y | c | v | q | k | z | w |
| b | o | o | m | a | n | l | o | o | k |
| k | b | m | x | s | o | o | n | o | m |
| m | n | a | q | s | d | f | k | d | d |

| soon | room | cook | zoo |
|------|------|------|-----|
| tool | good | look | foot |
| coot | mood | boom | cool |

**Word Shape Challenge**

*Tick the star when you have got this far!*

# ar

| e | f | t | a | f | c | c | m | t | x |
|---|---|---|---|---|---|---|---|---|---|
| c | a | a | f | d | z | a | s | e | k |
| a | r | r | b | v | y | r | u | s | m |
| r | b | a | r | t | r | t | p | t | g |
| n | r | e | p | a | r | k | a | a | w |
| b | c | t | m | c | o | w | r | r | k |
| a | u | a | x | u | k | j | t | i | k |
| b | a | r | k | h | d | a | r | k | p |
| f | y | t | y | t | i | r | d | z | u |
| t | j | t | q | m | x | q | j | b | f |

| park | part | tart | jar |
|------|------|------|-----|
| bark | tar | far | car |
| star | bar | dark | cart |

**Choose words to copy**

_____  _____  _____  _____

**Teaching tips:**
- *These words have the 'ar' sound as in 'bark'*
- *Ask "What other words have the 'ar' sound?" ... scarf*
- *Choose words to copy and read aloud again*

# ar

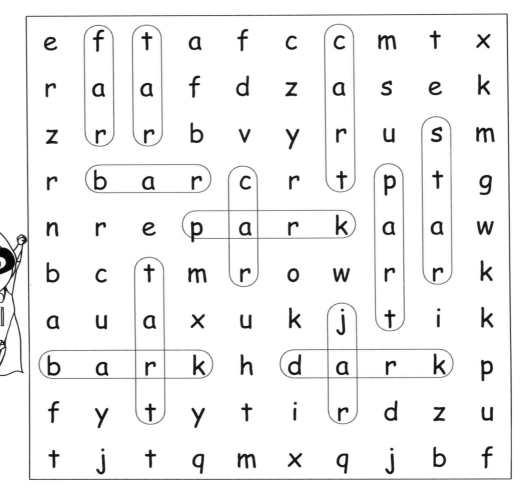

| | | | | | | | | |
|---|---|---|---|---|---|---|---|---|
| e | f | t | a | f | c | c | m | t | x |
| r | a | a | f | d | z | a | s | e | k |
| z | r | r | b | v | y | r | u | s | m |
| r | b | a | r | c | r | t | p | t | g |
| n | r | e | p | a | r | k | a | a | w |
| b | c | t | m | r | o | w | r | r | k |
| a | u | a | x | u | k | j | t | i | k |
| b | a | r | k | h | d | a | r | k | p |
| f | y | t | y | t | i | r | d | z | u |
| t | j | t | q | m | x | q | j | b | f |

| | | | |
|---|---|---|---|
| part | park | tart | jar |
| bark | tar | far | bar |
| star | car | dark | cart |

 **Extra**

## Word Shape Challenge

Tick the star when you have got this far!

# or

| | | | | | | | | |
|---|---|---|---|---|---|---|---|---|
| p | o | r | t | h | o | r | n | p | w |
| s | f | q | s | p | v | o | h | e | k |
| o | n | y | f | c | l | w | r | n | f |
| d | v | n | o | o | m | o | w | p | o |
| f | o | r | r | r | r | r | z | a | r |
| y | s | c | t | n | e | n | b | f | k |
| p | o | c | o | r | k | b | o | r | n |
| r | r | l | t | a | e | x | a | x | w |
| o | t | o | r | n | u | p | o | r | k |
| l | w | l | l | r | x | s | e | p | t |

| | | | |
|---|---|---|---|
| pork | corn | sort | port |
| born | worn | fort | torn |
| horn | for | fork | cork |

**Choose words to copy**

_____    _____    _____    _____

**Teaching tips:**
- *These words have the 'or' sound as in 'fork'*
- *Discuss variations in the sounds fork/fort*
- *Ask "What other words have the 'or' sound?" … horse,storm*
- *Choose words to copy and read aloud again*

# or

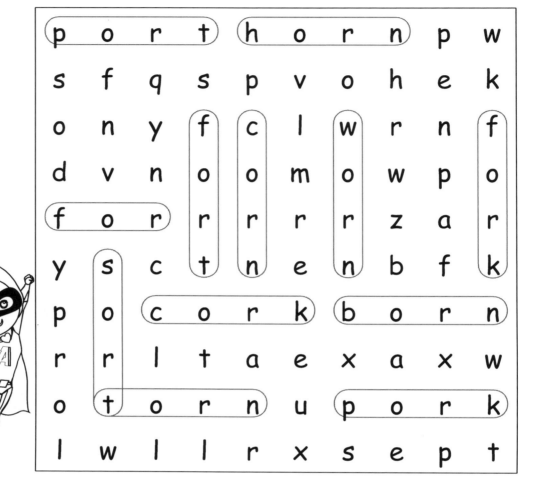

| pork | corn | sort | port |
|------|------|------|------|
| born | worn | fort | torn |
| horn | for  | fork | cork |

*Word Shape Challenge*

*Tick the star when you have got this far!*

# ai

| | | | | | | | | | |
|---|---|---|---|---|---|---|---|---|---|
| e | i | j | r | c | w | x | w | i | q |
| j | r | a | i | n | a | g | a | i | n |
| p | l | a | i | n | t | g | i | m | z |
| p | t | b | o | o | a | g | t | l | c |
| s | r | g | t | h | i | a | h | q | p |
| n | a | i | l | o | l | i | q | x | a |
| a | i | k | x | b | r | m | r | d | i |
| i | n | y | l | p | a | i | n | j | n |
| l | r | a | i | l | l | v | r | v | t |
| x | l | k | t | m | y | i | n | g | j |

| | | | |
|---|---|---|---|
| aim | rail | plain | tail |
| paint | wait | nail | rain |
| train | pain | snail | again |

**Choose words to copy**

_____     _____     _____     _____

**Teaching tips:**
- These words have the 'ai' sound as in 'rain'
- Ask "What other words have the 'ai' sound?" ... chain, again
- Choose words to copy and read aloud again

# ai

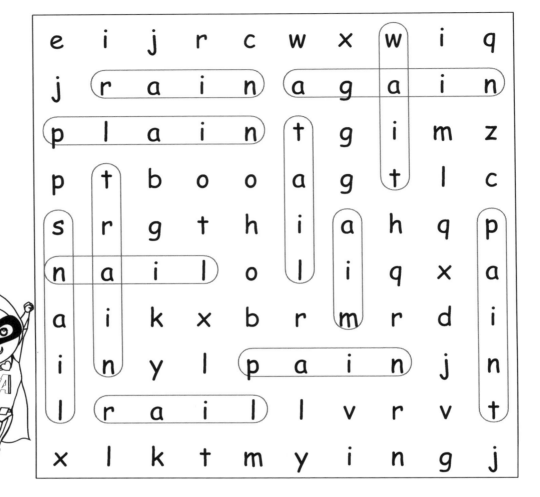

| | | | | | | | | | |
|---|---|---|---|---|---|---|---|---|---|
| e | i | j | r | c | w | x | w | i | q |
| j | r | a | i | n | a | g | a | i | n |
| p | l | a | i | n | t | g | i | m | z |
| p | t | b | o | o | a | g | t | l | c |
| s | r | g | t | h | i | a | h | q | p |
| n | a | i | l | o | l | i | q | x | a |
| a | i | k | x | b | r | m | r | d | i |
| i | n | y | l | p | a | i | n | j | n |
| l | r | a | i | l | l | v | r | v | t |
| x | l | k | t | m | y | i | n | g | j |

| | | | |
|---|---|---|---|
| aim | rail | plain | tail |
| paint | wait | nail | rain |
| train | pain | snail | again |

**Word Shape Challenge**

Tick the star when you have got this far!

# oa

| | | | | | | | | | |
|---|---|---|---|---|---|---|---|---|---|
| r | o | a | d | a | j | f | l | y | o |
| c | s | g | u | s | p | a | y | c | b |
| b | o | a | t | c | i | t | s | n | c |
| d | q | c | o | a | t | v | o | d | u |
| m | w | z | l | o | a | f | a | o | p |
| f | x | t | o | a | s | t | p | r | h |
| r | l | i | b | v | d | g | p | h | v |
| r | m | y | b | h | l | m | o | c | r |
| c | o | a | s | t | w | t | j | i | e |
| m | o | a | n | c | g | t | r | f | m |

coat     boat     loaf     soap

toast     moan     road     coast

**Choose words to copy**

_____  _____  _____  _____

**Teaching tips:**
- _These words have the 'oa' sound as in 'coat'_
- _Ask "What other words have the 'oa' sound?" ... float, loaves_
- _Choose words to copy and read aloud again_

# oa

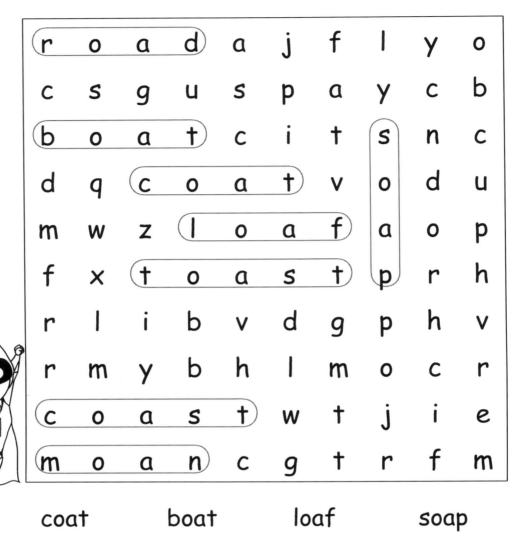

| | | | | | | | | | |
|---|---|---|---|---|---|---|---|---|---|
| r | o | a | d | a | j | f | l | y | o |
| c | s | g | u | s | p | a | y | c | b |
| b | o | a | t | c | i | t | s | n | c |
| d | q | c | o | a | t | v | o | d | u |
| m | w | z | l | o | a | f | a | o | p |
| f | x | t | o | a | s | t | p | r | h |
| r | l | i | b | v | d | g | p | h | v |
| r | m | y | b | h | l | m | o | c | r |
| c | o | a | s | t | w | t | j | i | e |
| m | o | a | n | c | g | t | r | f | m |

coat     boat     loaf     soap

toast     moan     road     coast

**Extra**

*Word Shape Challenge*

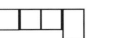   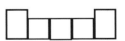

*Tick the star when you have got this far!*

# ea

| h | e | a | t | m | t | w | y | p | q |
|---|---|---|---|---|---|---|---|---|---|
| z | p | c | s | r | e | t | e | a | m |
| h | t | u | w | b | a | j | a | s | i |
| b | e | b | e | a | c | h | t | e | j |
| u | a | j | l | m | h | p | e | a | w |
| m | e | a | t | h | o | u | i | t | t |
| p | n | c | c | m | e | a | n | w | c |
| s | h | t | m | g | r | n | t | s | h |
| p | q | i | h | e | a | t | s | e | a |
| j | i | j | e | b | e | a | n | y | s |

| | | | |
|---|---|---|---|
| each | teach | tea | seat |
| mean | bean | sea | heat |
| team | pea | meat | eat |

**Choose words to copy**

_____   _____   _____   _____

**Teaching tips:**
- These words have the 'ea' sound as in 'seat'
- Ask "What other words have the 'ea' sound?" ... beach, reach
- Choose words to copy and read aloud again

# ea

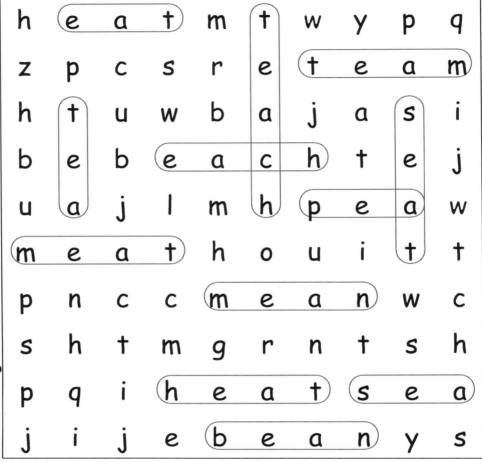

| | | | | | | | | | |
|---|---|---|---|---|---|---|---|---|---|
| h | e | a | t | m | t | w | y | p | q |
| z | p | c | s | r | e | t | e | a | m |
| h | t | u | w | b | a | j | a | s | i |
| b | e | b | e | a | c | h | t | e | j |
| u | a | j | l | m | h | p | e | a | w |
| m | e | a | t | h | o | u | i | t | t |
| p | n | c | c | m | e | a | n | w | c |
| s | h | t | m | g | r | n | t | s | h |
| p | q | i | h | e | a | t | s | e | a |
| j | i | j | e | b | e | a | n | y | s |

| | | | |
|---|---|---|---|
| each | teach | tea | seat |
| mean | bean | sea | heat |
| team | pea | meat | eat |

## Word Shape Challenge

*Tick the star when you have got this far!*

# ou

| p | l | o | u | d | m | j | v | k | k |
|---|---|---|---|---|---|---|---|---|---|
| q | v | o | s | f | o | u | n | d | o |
| k | t | u | h | o | u | n | d | t | q |
| f | w | t | o | q | s | p | l | l | f |
| c | l | o | u | d | e | j | u | c | b |
| f | x | x | t | u | w | c | q | d | j |
| c | g | g | s | o | u | n | d | d | c |
| d | a | g | r | o | u | n | d | c | f |
| m | o | u | n | d | c | m | e | w | d |
| r | o | u | n | d | h | o | u | s | e |

| house | mouse | found | cloud |
|-------|-------|-------|-------|
| ground | shout | out | round |
| hound | loud | sound | mound |

**Choose words to copy**

_____    _____    _____    _____

**Teaching tips:**
- *These words have the 'ou' sound as in 'loud'*
- *Ask "What other words have the 'ou' sound?" ... surround*
- *Choose words to copy and read aloud again*

# ou

```
p  l  o  u  d  m  j  v  k  k
q  v  o  s  f  o  u  n  d  o
k  t  u  h  o  u  n  d  t  q
f  w  t  o  q  s  p  l  l  f
c  l  o  u  d  e  j  u  c  b
f  x  x  t  u  w  c  q  d  j
c  g  g  s  o  u  n  d  d  c
d  a  g  r  o  u  n  d  c  f
m  o  u  n  d  c  m  e  w  d
r  o  u  n  d  h  o  u  s  e
```

| house | mouse | found | cloud |
|-------|-------|-------|-------|
| ground | shout | out | round |
| hound | loud | sound | mound |

**Word Shape Challenge**

*Tick the star when you have got this far!*

# a

| p | x | t | w | v | z | h | b | c | n |
|---|---|---|---|---|---|---|---|---|---|
| b | a | t | m | h | q | b | n | a | v |
| z | d | l | t | q | k | a | o | n | q |
| m | t | h | a | t | m | g | i | k | c |
| e | a | s | q | x | i | h | u | y | b |
| a | n | h | q | w | h | a | q | t | t |
| v | p | m | q | m | g | m | f | q | s |
| o | a | m | p | p | a | n | y | c | j |
| j | t | r | a | n | s | a | t | r | w |
| y | f | a | n | h | u | s | a | d | w |

bag     sad     bat     pan

ham     ran     tan     hat

pat     fan     sat     can

**Choose words to copy**

_____    _____    _____    _____

*Teaching tips:*
- *These words have the short 'a' sound as in 'bat'*
- *Ask "What other words have the 'a' sound?" … jam, can*
- *Choose words to copy and read aloud again*

# a

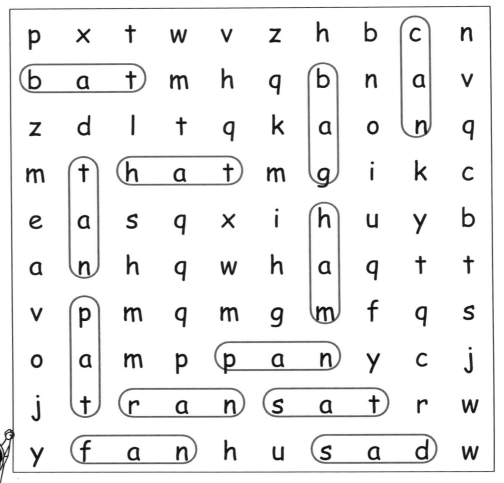

| | | | | | | | | | |
|---|---|---|---|---|---|---|---|---|---|
| p | x | t | w | v | z | h | b | c | n |
| b | a | t | m | h | q | b | n | a | v |
| z | d | l | t | q | k | a | o | n | q |
| m | t | h | a | t | m | g | i | k | c |
| e | a | s | q | x | i | h | u | y | b |
| a | n | h | q | w | h | a | q | t | t |
| v | p | m | q | m | g | m | f | q | s |
| o | a | m | p | p | a | n | y | c | j |
| j | t | r | a | n | s | a | t | r | w |
| y | f | a | n | h | u | s | a | d | w |

bag      ran      bat      pan

ham      sad      tan      hat

pat      fan      sat      can

**Extra**

*Word Shape Challenge*

*Tick the star when you have got this far!*

# o

| j | r | l | d | r | z | h | s | w | n |
|---|---|---|---|---|---|---|---|---|---|
| b | p | n | k | a | g | o | i | j | b |
| w | b | r | b | m | q | t | c | w | u |
| q | o | m | u | d | o | t | p | o | t |
| k | x | h | k | b | h | m | r | p | o |
| t | f | i | t | h | u | o | i | g | h |
| z | d | o | g | o | t | p | g | f | c |
| e | w | o | l | p | o | n | k | o | j |
| b | r | x | o | a | p | i | h | x | x |
| c | o | t | t | j | f | c | d | t | f |

| dot | top | hop | lot |
|-----|-----|-----|-----|
| hot | fox | box | cot |
| on  | pot | dog | mop |

**Choose words to copy**

_____   _____   _____   _____

*Teaching tips:*
- *These words have the short 'o' sound as in 'top'*
- *Ask "What other words have the 'o' sound?" ... pop, stop*
- *Choose words to copy and read aloud again*

# O

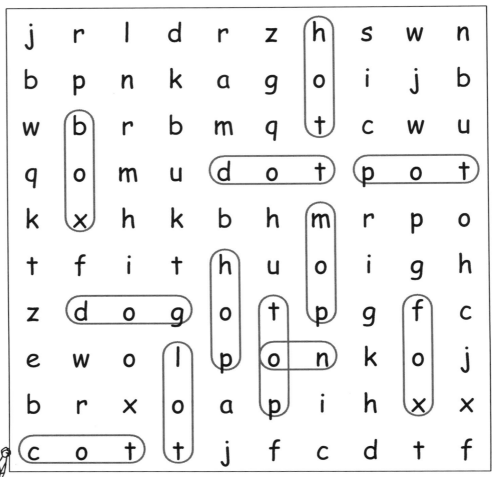

| j | r | l | d | r | z | h | s | w | n |
| b | p | n | k | a | g | o | i | j | b |
| w | b | r | b | m | q | t | c | w | u |
| q | o | m | u | d | o | t | p | o | t |
| k | x | h | k | b | h | m | r | p | o |
| t | f | i | t | h | u | o | i | g | h |
| z | d | o | g | o | t | p | g | f | c |
| e | w | o | l | p | o | n | k | o | j |
| b | r | x | o | a | p | i | h | x | x |
| c | o | t | t | j | f | c | d | t | f |

| dot | top | hop | lot |
| hot | fox | box | cot |
| on | pot | dog | mop |

**Extra**

### Word Shape Challenge

Tick the star when you have got this far! ☆

# e

| u | h | r | e | d | l | l | e | g | l |
|---|---|---|---|---|---|---|---|---|---|
| q | e | g | p | j | b | w | v | t | i |
| f | n | b | e | d | h | e | l | p | a |
| j | j | m | n | c | u | n | s | t | d |
| u | d | m | g | d | b | t | k | e | k |
| k | o | o | l | e | p | e | t | n | c |
| a | o | w | z | n | y | y | h | o | r |
| y | u | o | a | n | e | s | t | t | z |
| r | y | k | r | j | t | x | n | o | l |
| u | i | f | j | f | w | z | m | g | i |

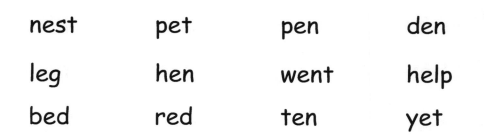

| nest | pet | pen | den |
|------|-----|------|------|
| leg | hen | went | help |
| bed | red | ten | yet |

**Choose words to copy**

_____   _____   _____   _____

**Teaching tips:**
- *These words have the short 'e' sound as in 'ten'*
- *Ask "What other words have the 'e' sound?" ... tell, nest*
- *Choose words to copy and read aloud again*

# e

```
u  h  r  e  d  l  l  e  g  l
q  e  g  p  j  b  w  v  t  i
f  n  b  e  d  h  e  l  p  a
j  j  m  n  c  u  n  s  t  d
u  d  m  g  d  b  t  k  e  k
k  o  o  l  e  p  e  t  n  c
a  o  w  z  n  y  y  h  o  r
y  u  o  a  n  e  s  t  t  z
r  y  k  r  j  t  x  n  o  l
u  i  f  j  f  w  z  m  g  i
```

| nest | pet | pen | den |
| leg | hen | went | help |
| bed | red | ten | yet |

## Word Shape Challenge

Tick the star when you have got this far!

# i

| b | w | z | m | s | i | t | u | t | d |
|---|---|---|---|---|---|---|---|---|---|
| i | t | c | u | r | r | d | l | j | d |
| l | o | b | h | i | t | b | h | i | m |
| k | l | i | l | p | c | s | l | d | u |
| d | m | g | l | i | b | i | e | d | v |
| t | j | b | w | g | n | x | i | k | l |
| w | p | m | y | j | t | z | c | t | g |
| c | i | f | i | t | b | f | i | n | j |
| b | t | r | q | l | i | p | w | i | n |
| k | w | b | q | z | t | a | w | i | b |

| pig | six | win | sit |
|-----|-----|-----|-----|
| big | bit | hit | lip |
| pit | fin | fit | him |

**Choose words to copy**

_____    _____    _____    _____

**Teaching tips:**
- These words have the short 'i' sound as in 'sit
- Ask "What other words have the 'i sound?" ... still, grill
- Choose words to copy and read aloud again

# i

| b | w | z | m | s | i | t | u | t | d |
|---|---|---|---|---|---|---|---|---|---|
| i | t | c | u | r | r | d | l | j | d |
| l | o | b | h | i | t | b | h | i | m |
| k | l | i | l | p | c | s | l | d | u |
| d | m | g | l | i | b | i | e | d | v |
| t | j | b | w | g | n | x | i | k | l |
| w | p | m | y | j | t | z | c | t | g |
| c | i | f | i | t | b | f | i | n | j |
| b | t | r | q | l | i | p | w | i | n |
| k | w | b | q | z | t | a | w | i | b |

| pig | six | win | sit |
|-----|-----|-----|-----|
| big | bit | hit | lip |
| pit | fin | fit | him |

**Extra**

## Word Shape Challenge

*Tick the star when you have got this far!*

# u

| l | b | v | r | e | p | u | t | b | a |
|---|---|---|---|---|---|---|---|---|---|
| r | u | n | c | e | x | b | v | s | a |
| m | b | i | u | g | n | t | v | j | j |
| w | u | r | t | b | u | n | d | o | p |
| w | s | r | f | u | n | m | d | f | m |
| p | p | p | j | b | u | y | t | n | b |
| s | e | m | u | d | t | m | k | y | b |
| u | b | n | m | r | c | d | b | z | u |
| n | f | i | f | o | u | j | s | c | t |
| p | f | i | s | u | p | v | j | u | p |

| nut | but | bun | cut |
|-----|-----|-----|-----|
| bus | up  | fun | sun |
| cup | put | run | mud |

**Choose words to copy**

_____   _____   _____   _____

**Teaching tips:**
- *These words have the short 'u' sound as in 'but'*
- *Ask "What other words have the 'u' sound?" … jump, must*
- *Choose words to copy and read aloud again*

# u

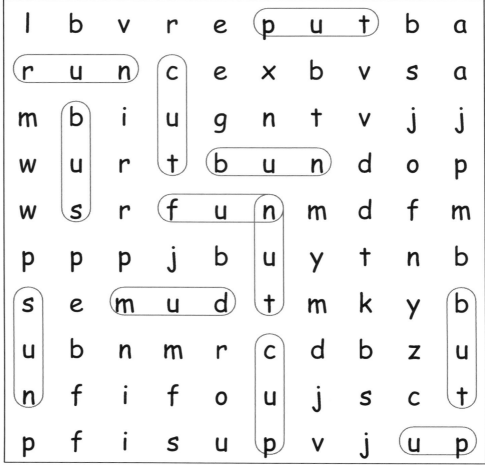

| l | b | v | r | e | p | u | t | b | a |
|---|---|---|---|---|---|---|---|---|---|
| r | u | n | c | e | x | b | v | s | a |
| m | b | i | u | g | n | t | v | j | j |
| w | u | r | t | b | u | n | d | o | p |
| w | s | r | f | u | n | m | d | f | m |
| p | p | p | j | b | u | y | t | n | b |
| s | e | m | u | d | t | m | k | y | b |
| u | b | n | m | r | c | d | b | z | u |
| n | f | i | f | o | u | j | s | c | t |
| p | f | i | s | u | p | v | j | u | p |

| nut | but | bun | cut |
|-----|-----|-----|-----|
| bus | up | fun | sun |
| cup | put | run | mud |

### Word Shape Challenge

*Tick the star when you have got this far!*

# Basic Sight Words

| | | | | | | | | |
|---|---|---|---|---|---|---|---|---|
| w | a | s | g | m | z | e | m | b | i |
| n | d | h | h | a | l | l | e | a | q |
| i | c | e | o | i | n | h | o | j | x |
| a | d | v | p | k | d | I | f | s | q |
| v | p | x | c | d | g | n | s | t | f |
| t | k | t | o | x | v | l | w | h | a |
| p | o | o | e | m | u | h | e | e | n |
| a | x | h | h | a | f | i | d | p | d |
| b | y | y | o | u | p | x | i | r | c |
| j | h | y | i | t | d | p | x | v | x |

| you | and | in | the |
|---|---|---|---|
| it | she | I | of |
| was | to | a | he |

**Choose words to copy**

_____   _____   _____   _____

**Teaching tips:**

- _These words are some of the most commonly used words._
- _Being able to read them by 'sight' gives the reader a huge advantage when reading._
- _Some of these words cannot be read 'phonetically' eg was, the_
- _Choose words to copy and read aloud again_

# Basic Sight Words

```
w  a  s  g  m  z  e  m  b  i
n  d  h  h  a  l  l  e  a  q
i  c  e  o  i  n  h  o  j  x
a  d  v  p  k  d  I  f  s  q
v  p  x  c  d  g  n  s  t  f
t  k  t  o  x  v  l  w  h  a
p  o  o  e  m  u  h  e  e  n
a  x  h  h  a  f  i  d  p  d
b  y  y  o  u  p  x  i  r  c
j  h  y  i  t  d  p  x  v  x
```

| you | and | in | the |
|-----|-----|-----|-----|
| it  | she | I  | of  |
| was | to  | a  | he  |

### Word Shape Challenge

Tick the star when you have got this far!

# a-e

| e | m | a | d | e | c | a | k | e | m |
|---|---|---|---|---|---|---|---|---|---|
| s | a | v | e | k | s | a | m | e | p |
| t | n | c | a | v | e | g | t | v | h |
| i | u | b | b | c | a | s | e | w | p |
| g | n | p | m | n | q | l | g | d | b |
| u | i | k | l | a | n | e | a | d | g |
| l | a | k | e | m | z | r | v | x | a |
| j | i | w | g | e | e | r | e | k | t |
| j | f | m | h | a | f | m | x | w | e |
| e | m | z | v | g | g | a | m | e | q |

cake     game     gave     made

cave     lake     case     same

lane     name     save     gate

**Choose words to copy**

_____   _____   _____   _____

**Teaching tips:**
- These words have the long 'a' sound as in 'cake'
- The 'e' changes the short 'a' to the long sounding 'a'
- Ask "What other words have the 'a' sound?" ... snake, plane
- Choose words to copy and read aloud again

# a-e

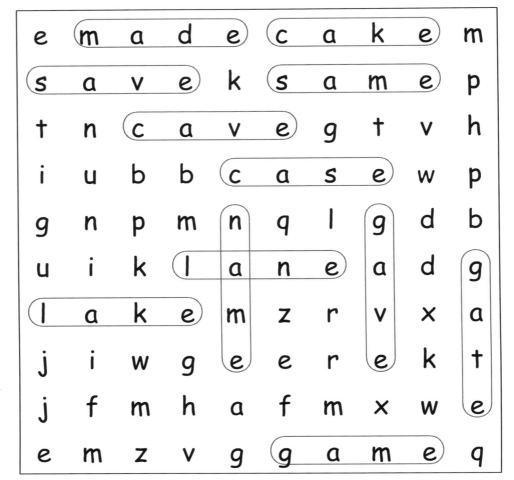

| e | m | a | d | e | c | a | k | e | m |
|---|---|---|---|---|---|---|---|---|---|
| s | a | v | e | k | s | a | m | e | p |
| t | n | c | a | v | e | g | t | v | h |
| i | u | b | b | c | a | s | e | w | p |
| g | n | p | m | n | q | l | g | d | b |
| u | i | k | l | a | n | e | a | d | g |
| l | a | k | e | m | z | r | v | x | a |
| j | i | w | g | e | e | r | e | k | t |
| j | f | m | h | a | f | m | x | w | e |
| e | m | z | v | g | g | a | m | e | q |

| cake | game | gave | made |
|------|------|------|------|
| cave | lake | case | same |
| lane | name | save | gate |

## Word Shape Challenge

Tick the star when you have got this far!

# i-e

```
t  i  m  e  q  n  i  n  e  b
y  q  q  v  y  d  r  e  z  b
h  a  f  d  b  n  i  k  d  r
o  g  m  i  c  e  c  n  i  i
i  c  e  l  y  d  e  f  c  d
l  o  z  i  k  i  u  z  e  e
z  u  w  k  b  f  i  v  e  b
w  i  f  e  i  l  p  r  l  i
p  k  k  m  k  j  c  b  w  t
j  r  o  s  e  q  c  l  x  e
```

| wife | nine | rice | like |
|------|------|------|------|
| ride | bike | ice  | dice |
| mice | bite | five | time |

**Choose words to copy**

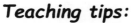

_____  _____  _____  _____

## Teaching tips:
- These words have the long 'i' sound as in 'like'
- The 'e' changes the short 'i' to the long sounding 'i'
- Ask "What other words have the 'i' sound?" ... nice, slide, shine
- Choose words to copy and read aloud again

# i-e

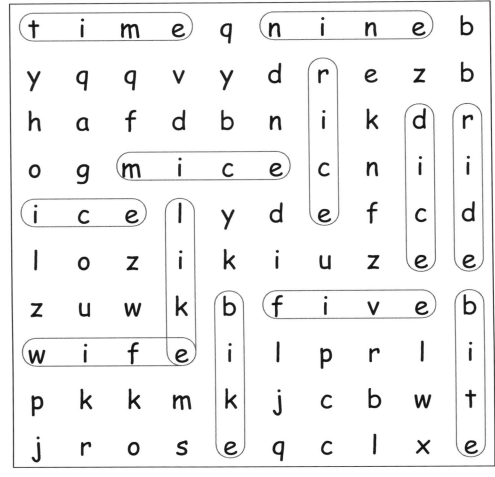

| | | | | | | | | | |
|---|---|---|---|---|---|---|---|---|---|
| t | i | m | e | q | n | i | n | e | b |
| y | q | q | v | y | d | r | e | z | b |
| h | a | f | d | b | n | i | k | d | r |
| o | g | m | i | c | e | c | n | i | i |
| i | c | e | l | y | d | e | f | c | d |
| l | o | z | i | k | i | u | z | e | e |
| z | u | w | k | b | f | i | v | e | b |
| w | i | f | e | i | l | p | r | l | i |
| p | k | k | m | k | j | c | b | w | t |
| j | r | o | s | e | q | c | l | x | e |

| | | | |
|---|---|---|---|
| wife | nine | rice | like |
| ride | bike | ice | dice |
| mice | bite | five | time |

**Word Shape Challenge**

*Tick the star when you have got this far!*

# o-e

| | | | | | | | | |
|---|---|---|---|---|---|---|---|---|
| v | f | e | v | n | h | o | h | v | d |
| k | a | h | p | o | j | y | o | z | m |
| n | o | t | e | s | m | r | m | l | j |
| p | j | o | k | e | o | p | e | c | p |
| c | y | j | q | d | l | t | o | e | c |
| d | u | r | b | d | e | t | f | h | o |
| e | p | o | l | e | p | o | k | e | p |
| x | o | p | k | s | n | n | y | h | c |
| r | m | e | s | h | s | e | g | f | f |
| u | s | h | o | l | e | b | o | n | e |

mole     home     note     rope

nose     pole     joke     poke

tone     bone     hole     toe

**Choose words to copy**

**Teaching tips:**
- *These words have the long 'o' sound as in 'note'*
- *The 'e' changes the short 'o' to the long sounding 'o'*
- *Ask "What other words have the 'o' sound?" ... broke, spoke*
- *Choose words to copy and read aloud again*

# o-e

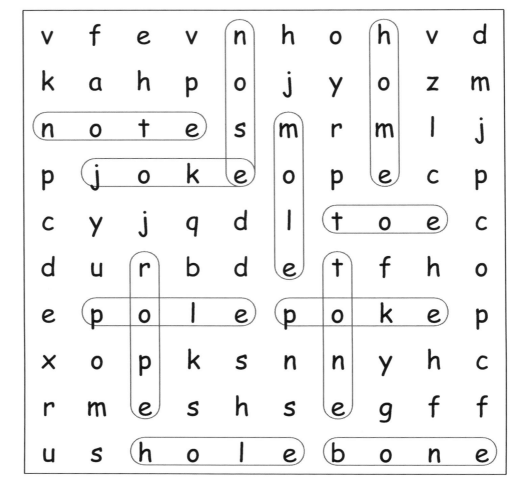

| | | | |
|---|---|---|---|
| mole | home | note | rope |
| nose | pole | joke | poke |
| tone | bone | hole | toe |

**Word Shape Challenge**

Tick the star when you have got this far!

# u-e

| b | e | b | m | z | z | i | w | f | z |
|---|---|---|---|---|---|---|---|---|---|
| g | x | w | m | d | i | u | z | r | p |
| o | f | t | w | n | q | q | g | y | y |
| q | t | u | f | r | c | u | p | y | u |
| e | e | b | w | u | m | c | u | t | e |
| e | t | e | x | d | u | n | e | f | z |
| m | u | t | e | m | l | v | n | u | o |
| x | t | u | v | l | e | b | w | s | i |
| n | v | n | h | u | g | e | j | e | t |
| j | y | e | o | f | b | g | u | s | o |

fuse        mule        huge        dune

tune        mute        cute        tube

**Choose words to copy**

_____    _____    _____    _____

**Teaching tips:**
- These words have the long 'u' sound as in 'cute'
- The 'e' changes the short 'u' to the long sounding 'u'
- Ask "What other words have the 'u' sound?" … flute, blue
- Choose words to copy and read aloud again

# u-e

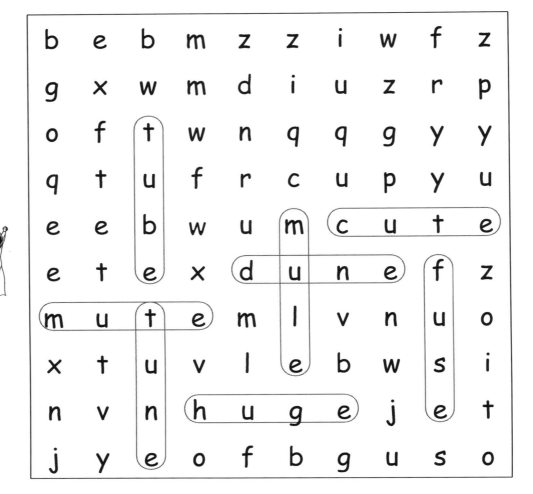

| b | e | b | m | z | z | i | w | f | z |
| g | x | w | m | d | i | u | z | r | p |
| o | f | t | w | n | q | q | g | y | y |
| q | t | u | f | r | c | u | p | y | u |
| e | e | b | w | u | m | c | u | t | e |
| e | t | e | x | d | u | n | e | f | z |
| m | u | t | e | m | l | v | n | u | o |
| x | t | u | v | l | e | b | w | s | i |
| n | v | n | h | u | g | e | j | e | t |
| j | y | e | o | f | b | g | u | s | o |

| fuse | mule | huge | dune |
| tune | mute | cute | tube |

**Word Shape Challenge**

*Tick the star when you have got this far!*

# ee

```
k  s  d  s  p  w  v  r  a  f
n  u  e  e  e  q  d  r  h  x
e  d  e  e  e  x  u  t  r  v
e  u  p  d  p  o  k  s  d  t
f  r  e  e  w  e  e  p  a  t
a  x  s  e  e  n  e  k  g  a
l  f  a  t  c  m  p  l  b  p
c  e  r  r  d  e  d  e  e  p
t  e  g  e  s  e  e  b  x  z
c  t  g  e  i  t  u  o  g  q
```

| weep | seed | keep | peep |
| deep | deep | tree | free |
| seen | see  | feet | meet |

**Choose words to copy**

**Teaching tips:**
- *These words have the long 'ee' sound as in 'deep'*
- *Ask "What other words have the 'ee' sound?" ... green, sleep*
- *Choose words to copy and read aloud again*

# ee

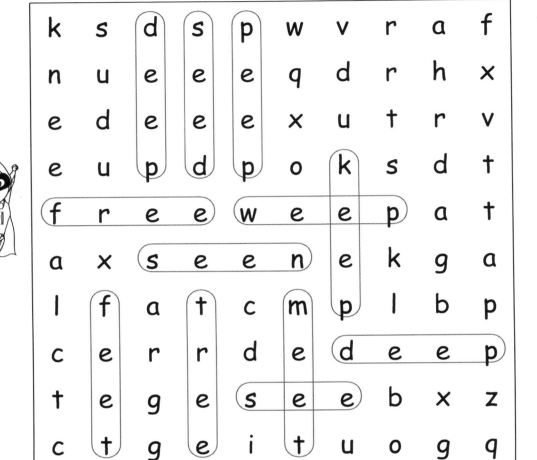

| | | | | | | | | | |
|---|---|---|---|---|---|---|---|---|---|
| k | s | d | s | p | w | v | r | a | f |
| n | u | e | e | e | q | d | r | h | x |
| e | d | e | e | e | x | u | t | r | v |
| e | u | p | d | p | o | k | s | d | t |
| f | r | e | e | w | e | e | p | a | t |
| a | x | s | e | e | n | e | k | g | a |
| l | f | a | t | c | m | p | l | b | p |
| c | e | r | r | d | e | d | e | e | p |
| t | e | g | e | s | e | e | b | x | z |
| c | t | g | e | i | t | u | o | g | q |

| | | | |
|---|---|---|---|
| weep | seed | keep | peep |
| deep | deep | tree | free |
| seen | see | feet | meet |

***Word Shape Challenge***

*Tick the star when you have got this far!*

# oo

```
f  n  c  x  e  n  r  f  f  i
z  r  o  o  m  l  f  o  o  d
h  n  o  b  o  o  m  o  m  b
z  d  l  m  o  o  n  t  u  i
g  y  z  d  q  k  j  n  e  t
w  z  c  g  c  o  o  k  a  f
g  o  o  d  v  j  r  h  o  j
r  j  p  p  h  q  a  o  y  d
e  t  s  o  o  n  d  o  c  r
n  x  p  m  o  o  d  t  v  p
```

| | | | |
|---|---|---|---|
| boom | moon | room | foot |
| hoot | good | food | cook |
| look | mood | cool | soon |

**Choose words to copy**

_____  _____  _____  _____

**Teaching tips:**
- These words have the 'oo' sound as in 'moon'
- Ask "What other words have the 'oo' sound?" … spoon, balloon
- Discuss variations e.g due to regions - cook, book may use short sound
- Choose words to copy and read aloud again

# oo

| f | n | c | x | e | n | r | f | f | i |
|---|---|---|---|---|---|---|---|---|---|
| z | r | o | o | m | l | f | o | o | d |
| h | n | o | b | o | o | m | o | m | b |
| z | d | l | m | o | o | n | t | u | i |
| g | y | z | d | q | k | j | n | e | t |
| w | z | c | g | c | o | o | k | a | f |
| g | o | o | d | v | j | r | h | o | j |
| r | j | p | p | h | q | a | o | y | d |
| e | t | s | o | o | n | d | o | c | r |
| n | x | p | m | o | o | d | t | v | p |

| boom | moon | room | foot |
|------|------|------|------|
| hoot | good | food | cook |
| look | mood | cool | soon |

 Extra

### Word Shape Challenge

*Tick the star when you have got this far!*

# ar

| | | | | | | | | | |
|---|---|---|---|---|---|---|---|---|---|
| p | s | z | q | c | t | a | d | m | m |
| a | b | u | y | c | q | h | f | x | a |
| r | y | p | t | a | m | k | a | v | i |
| t | q | a | v | r | h | c | r | h | p |
| b | a | r | k | t | a | r | j | v | x |
| n | w | k | v | f | t | s | j | a | r |
| d | a | r | k | g | a | t | b | a | r |
| p | w | h | n | l | r | a | y | i | i |
| v | d | b | q | e | t | r | j | v | m |
| x | c | a | r | t | f | z | k | i | v |

| tar | part | jar | tart |
| park | dark | far | star |
| bark | bar | cart | car |

**Choose words to copy**

_____  _____  _____  _____

**Teaching tips:**
- These words have the 'ar' sound as in 'bark'
- Ask "What other words have the 'ar' sound?" ... scarf
- Choose words to copy and read aloud again

# ar

| p | s | z | q | c | t | a | d | m | m |
|---|---|---|---|---|---|---|---|---|---|
| a | b | u | y | c | q | h | f | x | a |
| r | y | p | t | a | m | k | a | v | i |
| t | q | a | v | r | h | c | r | h | p |
| b | a | r | k | t | a | r | j | v | x |
| n | w | k | v | f | t | s | j | a | r |
| d | a | r | k | g | a | t | b | a | r |
| p | w | h | n | l | r | a | y | i | i |
| v | d | b | q | e | t | r | j | v | m |
| x | c | a | r | t | f | z | k | i | v |

| tar | part | jar | tart |
|-----|------|-----|------|
| park | dark | far | star |
| bark | bar | cart | car |

 **Extra**

## Word Shape Challenge

*Tick the star when you have got this far!*

# or

| | | | | | | | | |
|---|---|---|---|---|---|---|---|---|---|
| x | c | z | c | p | o | r | t | o | q |
| b | o | r | n | t | o | r | n | s | r |
| t | s | j | f | w | p | o | r | k | z |
| u | o | w | c | o | r | k | b | c | e |
| k | r | m | q | r | d | y | q | o | x |
| b | t | d | u | n | n | f | o | r | k |
| p | h | g | e | f | o | r | t | n | m |
| x | o | p | v | t | j | t | y | q | g |
| h | r | g | d | f | p | m | c | o | j |
| m | n | m | f | f | o | r | o | m | v |

| | | | |
|---|---|---|---|
| torn | pork | cork | fort |
| port | for | fork | worn |
| horn | sort | born | corn |

**Choose words to copy**

_____    _____    _____    _____

**Teaching tips:**
- These words have the 'or' sound as in 'fork'
- Discuss variations in the sounds fork/fort
- Ask "What other words have the 'or' sound?" ... horse, storm
- Choose words to copy and read aloud again

# or

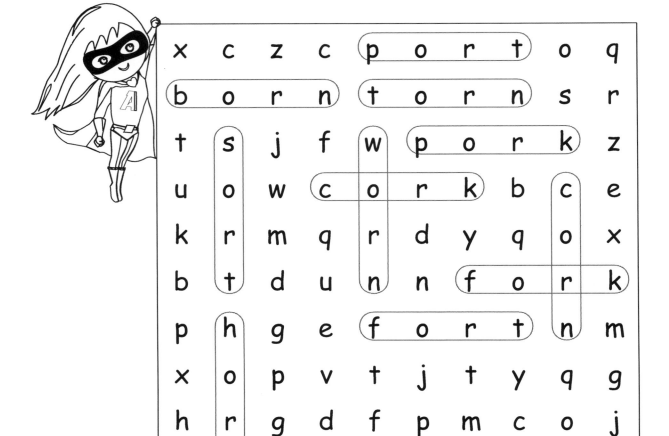

| | | | | | | | | | |
|---|---|---|---|---|---|---|---|---|---|
| x | c | z | c | p | o | r | t | o | q |
| b | o | r | n | t | o | r | n | s | r |
| t | s | j | f | w | p | o | r | k | z |
| u | o | w | c | o | r | k | b | c | e |
| k | r | m | q | r | d | y | q | o | x |
| b | t | d | u | n | n | f | o | r | k |
| p | h | g | e | f | o | r | t | n | m |
| x | o | p | v | t | j | t | y | q | g |
| h | r | g | d | f | p | m | c | o | j |
| m | n | m | f | f | o | r | o | m | v |

| torn | pork | cork | fort |
|------|------|------|------|
| port | for | fork | worn |
| horn | sort | born | corn |

*Word Shape Challenge*

Tick the star when you have got this far!

# ai

| | | | | | | | | | |
|---|---|---|---|---|---|---|---|---|---|
| d | t | a | i | l | w | z | c | j | i |
| x | q | n | a | i | l | c | n | q | d |
| v | h | e | t | r | a | i | n | x | m |
| a | i | m | f | d | g | e | h | h | l |
| r | a | i | n | q | a | y | s | l | h |
| w | m | l | p | e | i | t | n | y | y |
| w | d | y | a | c | n | z | a | w | u |
| p | l | a | i | n | v | z | i | a | p |
| h | j | i | n | r | a | i | l | i | w |
| o | m | s | t | p | a | i | n | t | c |

| | | | |
|---|---|---|---|
| aim | rain | paint | snail |
| train | again | pain | rail |
| tail | nail | wait | plain |

**Choose words to copy**

_____  _____  _____  _____

**Teaching tips:**
- These words have the 'ai' sound as in 'rain'
- Ask "What other words have the 'ai' sound?" … chain, again
- Choose words to copy and read aloud again

# ai

| | | | | | | | | | |
|---|---|---|---|---|---|---|---|---|---|
| d | t | a | i | l | w | z | c | j | i |
| x | q | n | a | i | l | c | n | q | d |
| v | h | e | t | r | a | i | n | x | m |
| a | i | m | f | d | g | e | h | h | l |
| r | a | i | n | q | a | y | s | l | h |
| w | m | l | p | e | i | t | n | y | y |
| w | d | y | a | c | n | z | a | w | u |
| p | l | a | i | n | v | z | i | a | p |
| h | j | i | n | r | a | i | l | i | w |
| o | m | s | t | p | a | i | n | t | c |

| aim | rain | paint | snail |
|---|---|---|---|
| train | again | pain | rail |
| tail | nail | wait | plain |

*Word Shape Challenge*

*Tick the star when you have got this far!*

# oa

| | | | | | | | | | |
|---|---|---|---|---|---|---|---|---|---|
| p | i | q | b | c | u | u | h | r | o |
| s | o | a | p | o | i | c | o | a | t |
| p | y | k | y | a | g | s | x | h | o |
| y | f | g | v | s | l | k | b | e | i |
| u | r | o | s | t | o | n | d | y | g |
| m | o | e | b | o | a | t | t | t | q |
| o | a | v | t | x | f | t | g | y | v |
| a | d | t | b | o | j | g | l | m | g |
| n | o | t | o | a | s | t | c | i | n |
| f | z | q | m | n | c | v | u | m | z |

| moan | loaf | soap | coast |
|---|---|---|---|
| toast | boat | coat | road |

**Choose words to copy**

_____   _____   _____   _____

**Teaching tips:**
- These words have the 'oa' sound as in 'coat'
- Ask "What other words have the 'oa' sound?" ... float, loaves
- Choose words to copy and read aloud again

# oa

```
p  i  q  b  c  u  u  h  r  o
s  o  a  p  o  i  c  o  a  t
p  y  k  y  a  g  s  x  h  o
y  f  g  v  s  l  k  b  e  i
u  r  o  s  t  o  n  d  y  g
m  o  e  b  o  a  t  t  t  q
o  a  v  t  x  f  t  g  y  v
a  d  t  b  o  j  g  l  m  g
n  o  t  o  a  s  t  c  i  n
f  z  q  m  n  c  v  u  m  z
```

moan        loaf        soap        coast

toast       boat        coat        road

**Word Shape Challenge**

Tick the star when you have got this far!

# ea

```
o  q  c  s  e  a  m  e  a  t
k  h  p  e  a  m  u  g  t  h
k  a  e  j  c  s  t  w  t  e
s  e  a  t  k  s  e  t  h  a
k  g  c  e  q  x  a  e  x  t
b  j  h  f  l  z  c  a  f  j
f  r  t  c  y  v  h  m  p  i
g  s  e  v  n  l  k  c  h  b
s  j  a  e  a  t  b  e  a  n
m  e  a  n  b  w  p  d  n  j
```

| | | | |
|---|---|---|---|
| sea | teach | each | seat |
| mean | eat | bean | tea |
| pea | heat | meat | team |

**Choose words to copy**

_____  _____  _____  _____

**Teaching tips:**
- These words have the 'ea' sound as in 'seat'
- Ask "What other words have the 'ea' sound?" … beach, reach
- Choose words to copy and read aloud again

# ea

| o | q | c | s | e | a | m | e | a | t |
|---|---|---|---|---|---|---|---|---|---|
| k | h | p | e | a | m | u | g | t | h |
| k | a | e | j | c | s | t | w | t | e |
| s | e | a | t | k | s | e | t | h | a |
| k | g | c | e | q | x | a | e | x | t |
| b | j | h | f | l | z | c | a | f | j |
| f | r | t | c | y | v | h | m | p | i |
| g | s | e | v | n | l | k | c | h | b |
| s | j | a | e | a | t | b | e | a | n |
| m | e | a | n | b | w | p | d | n | j |

| sea | teach | each | seat |
|-----|-------|------|------|
| mean | eat | bean | tea |
| pea | heat | meat | team |

### Word Shape Challenge

*Tick the star when you have got this far!*

# ou

| | | | | | | | | |
|---|---|---|---|---|---|---|---|---|
| e | e | h | o | u | n | d | f | l | v |
| s | y | g | r | o | u | n | d | o | c |
| o | h | o | u | s | e | u | a | u | a |
| g | u | r | s | f | o | u | n | d | c |
| l | s | o | h | n | g | m | l | m | e |
| u | o | u | o | u | t | o | y | o | h |
| z | u | n | u | a | e | u | x | u | o |
| a | n | d | t | e | o | n | k | s | o |
| a | d | c | l | o | u | d | v | e | f |
| a | v | y | r | j | f | w | h | s | a |

round      out      mound      ground

sound      mouse      house      found

cloud      shout      loud      hound

**Choose words to copy**

_____   _____   _____   _____

**Teaching tips:**
- *These words have the 'ou' sound as in 'loud'*
- *Ask "What other words have the 'ou' sound?" … surround, mound*
- *Choose words to copy and read aloud again*

# ou

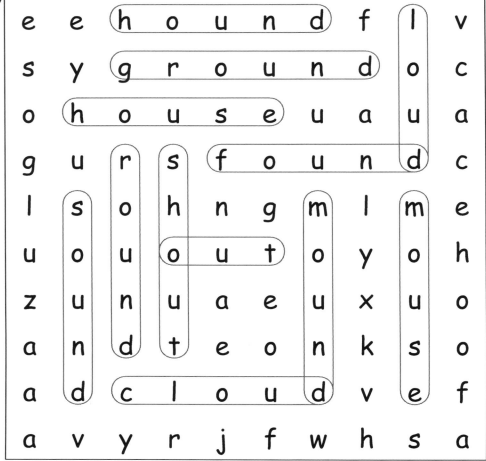

| e | e | h | o | u | n | d | f | l | v |
| s | y | g | r | o | u | n | d | o | c |
| o | h | o | u | s | e | u | a | u | a |
| g | u | r | s | f | o | u | n | d | c |
| l | s | o | h | n | g | m | l | m | e |
| u | o | u | o | u | t | o | y | o | h |
| z | u | n | u | a | e | u | x | u | o |
| a | n | d | t | e | o | n | k | s | o |
| a | d | c | l | o | u | d | v | e | f |
| a | v | y | r | j | f | w | h | s | a |

| round | out | mound | ground |
| sound | mouse | house | found |
| cloud | shout | loud | hound |

***Word Shape Challenge***

*Tick the star when you have got this far!*

# You have finished!

# Congratulations!

*Tick the final star when you have got this far!*

Do you want a fresh challenge?

Try our other Wordsearch Spelling and Puzzle books.

Each book designed to entertain, encourage and support learning!

Book ranges:

Book 1 - Ages 5 to 7
Book 2 - Ages 7 to 9
Book 3 - Ages 9 to 11

Activate Education

Printed in Great Britain
by Amazon

44222316R00068